A DIETA DO CORAÇÃO

MARLA HELLER

A DIETA DO CORAÇÃO

O **GUIA DEFINITIVO** PARA TER UM CORAÇÃO SAUDÁVEL EM **14 DIAS**

Tradução
Fal Azevedo

HarperCollins *Brasil*
Rio de Janeiro, 2016

Título original: THE DASH DIET WEIGHT LOSS SOLUTION

Copyright © 2012 by Marla Heller, MS, RD

Direitos de edição da obra em língua portuguesa no Brasil adquiridos pela CASA DOS LIVROS EDITORA LTDA. Todos os direitos reservados. Nenhuma parte desta obra pode ser apropriada e estocada em sistema de banco de dados ou processo similar, em qualquer forma ou meio, seja eletrônico, de fotocópia, gravação etc., sem a permissão do detentor do copirraite.

Contatos:
Rua Nova Jerusalém, 345 — Bonsucesso — 21042-235
Rio de Janeiro — RJ — Brasil
Tel.: (21) 3882-8200 — Fax: (21) 3882-8212/831

CIP-BRASIL. CATALOGAÇÃO NA PUBLICAÇÃO
SINDICATO NACIONAL DOS EDITORES DE LIVROS, RJ

H852d
    Heller, Marla, 1976-
        A dieta do coração: O guia definitivo para ter um coração saudável em 14 dias / Marla Heller; tradução Fal Azevedo. - 1. ed. - Rio de Janeiro : HarperCollins Brasil, 2015.
    272 p.

    Tradução de: The DASH diet weight loss solution
    Inclui índice
    ISBN 978.85.69809-17-3

    1. Nutrição. 2. Saúde - Aspectos nutricionais. 3. Hábitos alimentares. 4. Qualidade de vida. I. Título.

CDD: 613.2
CDU: 613.2

Este livro não tem a intenção de substituir tratamento médico apropriado. O leitor deve consultar seu médico regularmente para checar sua saúde, em particular quando houver qualquer sintoma que precise de atenção.

Para meu marido, Richard,
que sempre me apoiou,
e para minha mãe,
que me ensinou a preparar refeições
saudáveis e balanceadas.

Sumário

Capítulo 1. Conquistando a perda de peso —
a solução por meio da Dieta D.A.S.H.   11

Capítulo 2. A grande descoberta da perda
de peso pela Dieta D.A.S.H.   17

Parte I
Personalizando sua Dieta D.A.S.H.

Capítulo 3. Fase Um: duas semanas para redefinir
seu metabolismo, turbinar a perda de
peso e diminuir sua cintura   33

Capítulo 4. Catorze dias para acelerar seu
metabolismo com refeições específicas   46

Capítulo 5. Fase Dois: elevando o processo   67

Capítulo 6. Seu prato transborda! Diversos cardápios
da Dieta D.A.S.H.   81

Capítulo 7. Mexa-se para perder peso com a
Dieta D.A.S.H.   100

Parte II
Os segredos dos alimentos da Dieta D.A.S.H.

Capítulo 8. Refeições ricas ou pobres em carboidrato?
O que devemos escolher?   109

CAPÍTULO 9. O lado magro das gorduras — 118

CAPÍTULO 10. Alimentos Celebridades — 126

PARTE III
A dieta mais saudável: como ela mantém você com saúde?

CAPÍTULO 11. Levando a Dieta D.A.S.H. a sério — 137

CAPÍTULO 12. Diminuindo o seu risco de ter diabetes — 146

CAPÍTULO 13. A Dieta D.A.S.H. para os aficionados em ciências — 151

PARTE IV
Preparando o terreno para o sucesso

CAPÍTULO 14. Indo ao supermercado, indo em busca da saúde — 167

CAPÍTULO 15. Fazendo da Dieta D.A.S.H. um hábito — 189

CAPÍTULO 16. Receitas fabulosas e supersimples para que você mesmo prepare sua Dieta D.A.S.H. — 197

Carne bovina e suína — 197

Aves — 213

Peixes e frutos do mar — 234

Receitas vegetarianas — 239

APÊNDICE A. Precisa de alimentos sem glúten e sem lactose? Tornando a Dieta D.A.S.H. eficiente para você — 249

APÊNDICE B. Você atingiu seus objetivos – Como manter seu peso — 253

Agradecimentos — 257

Índice — 259

Sobre a autora — 267

CAPÍTULO 1

Conquistando a perda de peso — a solução por meio da Dieta D.A.S.H.

hegou a hora! A Dieta D.A.S.H. já foi classificada como a "melhor dieta do mundo" e a "mais saudável" pela *U.S. News & World Report*. Agora, este livro transforma essa dieta na melhor dieta para a perda de peso. Este plano alimentar é especialmente projetado para turbinar a perda de peso, dando-lhe o incentivo necessário para que você consiga alcançar seus objetivos rapidamente, de forma fácil e com resultados duradouros. Os benefícios da Dieta D.A.S.H. (do inglês *Dietary Approaches to Stop Hypertension* ou, em português, abordagem dietética para impedir o avanço da hipertensão) para sua saúde são amplamente conhecidos. Ela ajuda a diminuir a pressão arterial em duas semanas, diminui a taxa de colesterol e melhora a função cerebral. As pessoas que seguem a Dieta D.A.S.H. têm menos probabilidade de sofrer ataques cardíacos, AVC, falência coronária e de apresentar alguns tipos de cânceres. A Dieta D.A.S.H., inclusive, diminui a chance de mutação do gene BRCA, o que ocasiona o câncer de mama. Além disso, as pessoas que seguem o plano alimentar da Dieta

A Dieta do Coração

D.A.S.H. são menos propensas a desenvolver diabetes ou cálculos renais.

A Dieta D.A.S.H. tem sido um dos segredos mais bem guardados para uma alimentação saudável. E, agora, pesquisas anteriormente negligenciadas fornecem a base para aprimorar os resultados de perda de peso. Com base em evidências científicas e um verdadeiro sucesso global, que eu vi pessoalmente em centenas de clientes, o programa da Dieta D.A.S.H. aborda a perda de peso com a mesma eficiência e eficácia com que ataca os principais problemas de saúde. Com este livro, você pode implantar a Dieta D.A.S.H. para alcançar e manter um peso saudável.

Você já está lendo este livro, então sabemos que está interessado em alcançar e manter um peso saudável. E você escolheu um plano de dieta que realmente o tornará mais saudável, enquanto você caminha em direção ao seu objetivo. Muitos planos de perda rápida de peso são difíceis de seguir em uma vida normal e ativa. Outros são ótimos para uma perda de peso inicial, mas não são sustentáveis, e não seria saudável se você continuasse a segui-los por um período. A Dieta D.A.S.H. *é um plano que você e sua família podem seguir* em longo prazo. Na verdade, é baseada no Guia Alimentar para Americanos de 2010. É um plano garantido, de duas fases, que irá acelerar a perda de peso. A Fase Um é a transição de duas semanas para reajustar seu metabolismo. Esse plano alimentar rico em proteínas irá mantê-lo saciado por mais tempo e vai ajudar a impulsionar sua perda de peso, proporcionando resultados rápidos e visíveis. A Fase Dois inclui grãos integrais e frutas, bem como vegetais pobres em amido e proteínas magras, e o ajudará a continuar perdendo peso. Além de melhorar sua forma física e autoestima, você também alcançará níveis melhores de colesterol e açúcar no sangue. Os resultados foram provados, e a pesquisa confirma isso. Você também encontrará planos alimentares detalhados, conselhos de como melhorar a despensa, dicas de compras no supermercado — e dezenas de receitas deliciosas para incorporar à sua dieta.

O que demonstra a pesquisa?

Mais de 67% dos norte-americanos estão acima do peso ou obesos. E o excesso de peso não é apenas um problema estético. O custo anual direcionado a cuidados médicos relacionados à obesidade alcançou 147 bilhões de dólares em 2008, somando quase 10% de todo o orçamento destinado à saúde dos Estados Unidos. Em média, um obeso gasta 1.500 dólares a mais por ano em cuidados médicos do que alguém com um peso saudável.

Quais são alguns dos problemas de saúde mais comuns em pessoas que estão acima do peso? Eles podem incluir hipertensão (pressão alta); diabetes tipo 2; problemas nas articulações; apneia do sono; doenças coronárias; níveis elevados de colesterol e triglicerídeos; certos tipos de cânceres, AVC; problemas na vesícula e doenças hepáticas.

E o peso extra, por si só, é limitador. Imagine pegar um saco de ração canina de vinte quilos e carregá-lo por aí o dia todo. Depois, imagine o quanto seria bom soltar os vinte quilos extras que estava segurando. A mesma sensação se tornará real em sua vida quando você se livrar do peso em excesso. Todas as suas tarefas diárias parecerão mais fáceis — e você ficará mais ativo.

Agora você pode tirar vantagem desta versão turbinada da Dieta D.A.S.H. para aumentar sua perda de peso, especialmente para eliminar aqueles "pneuzinhos" ao redor da cintura que estão associados ao risco de doenças cardíacas e diabetes. Antiga-

A Dieta do Coração

mente, falava-se que os corpos em forma de maçã eram menos saudáveis do que os corpos em formato de pera. Gordura abdominal, "barriga de chopp", gordura visceral, gordura androide e "pneuzinhos" são apenas nomenclaturas diferentes para as pessoas que carregam seu excesso de peso na região do abdômen. Esse tipo de gordura é associado com riscos maiores de diabetes, doença coronária, pressão alta e alguns tipos de câncer.

Ao longo das duas últimas décadas, aprendeu-se muito sobre a diferença da gordura abdominal para os outros tipos de gordura, e qual tipo de padrões alimentares são associadas a ela. Os principais culpados? Ingerir mais carboidratos do que podemos eliminar e ter menos músculos metabolicamente ativos. Neste livro, teremos como alvo os dois problemas, livrando-o de uma dieta rica em carboidratos e ajudando-o a reforçar seu metabolismo por meio da manutenção e do fortalecimento dos músculos. Não, não estamos falando de corpos extremamente musculosos (relaxem, apesar disso, vocês ficarão mais magros e tonificados). A dieta pode reduzir o nível de colesterol ruim e triglicerídeos, enquanto aumenta a taxa de bom colesterol. E, talvez o mais importante para a maioria das pessoas, a versão de baixa ingestão de amidos da Dieta D.A.S.H. pode reduzir o risco de desenvolvimento de diabetes e diminuir a progressão da doença. Tudo isso é resultado da redução da inflamação e do estresse oxidativo.

Nos anos 1990, o conselho alimentar predominante recomendava alto consumo de carboidratos — talvez aquela tenha sido a década do macarrão. Também se recomendava um consumo muito baixo de gorduras e considerava-se que as pessoas estavam ingerindo muita proteína. Qual foi o resultado desse conselho? A "diabetes epidêmica" (um termo cunhado para exprimir a relação entre diabetes e obesidade) se instalou e ocasionou aumentos impressionantes de problemas de saúde e custos com cuidados médicos.

Para falar de forma mais específica, em 1988, 26% da população era obesa e, em 2008, esse número subiu para 40%. Nos Estados Unidos, os custos anuais do tratamento das doenças relacionadas são de 150 bilhões de dólares para obesidade, 157 bilhões para diabetes e 445 bilhões para doenças coronárias. Isso é um peso esmagador para qualquer sistema de saúde. É hora de virarmos essas estatísticas e nos tornar mais saudáveis.

Neste livro, ajudaremos você a tirar proveito do estudo mais recente sobre os benefícios da redução do consumo de grãos refinados e açúcares adicionados (aqueles que não são naturais dos alimentos), da necessidade de níveis mais elevados de proteína do que os anteriormente recomendados e de estratégias para a preparação de refeições e lanches que irão saciá-lo e realmente ajudam a diminuir a fome. E, felizmente, esses novos conceitos estão em conformidade com as estratégias do estudo esquecido de baixa ingestão de carboidratos da Dieta D.A.S.H.

Por que essa nova informação não foi considerada imediatamente? É muito difícil para a medicina tradicional aceitar que suas recomendações dietéticas de alto consumo de grãos, alimentos com baixo teor de gordura e ingestão limitada de proteína estavam erradas e que, na verdade, traziam um grande dano para a saúde coletiva.

Os benefícios combinados desses novos conceitos para uma alimentação saudável apresentados aqui irão ajudá-lo a encontrar um caminho fácil para a perda de peso, especialmente daqueles "pneuzinhos". E, o que é melhor ainda, você fará isso enquanto aprende um jeito fácil e sustentável de comer de maneira saudável.

A maioria das dietas da moda promete perda rápida de peso. A Dieta D.A.S.H. é ótima para acelerar a perda de peso, mas nós também demonstramos como se tornar mais saudável durante o processo. E esse é um plano que você pode seguir

A Dieta do Coração

durante toda a sua vida! No próximo capítulo, você aprenderá mais sobre como ele funciona.

Antes de seguir adiante, dê uma pausa para refletir sobre seus objetivos de saúde. Onde você está agora e aonde deseja chegar? Ter um objetivo o ajudará a alcançar o sucesso — e você ficará maravilhado com a facilidade e a rapidez com que vai atingir suas metas, uma vez que tenha aderido ao estilo de vida da Dieta D.A.S.H.

Estabelecendo meu plano pessoal da Dieta D.A.S.H.

Quais são meus objetivos de saúde?

Atingir meu peso saudável? _____
    Atual _____ Objetivo _____

Diminuir minha cintura? _____
    Atual _____ Objetivo _____

Diminuir minha pressão arterial? _____
    Atual _____ Objetivo _____

Diminuir minha taxa de colesterol? _____
    Atual _____ Objetivo _____

Diminuir minha taxa de triglicerídeos? _____
    Atual _____ Objetivo _____

Outros objetivos: _____
_____

CAPÍTULO 2

A grande descoberta da perda de peso pela Dieta D.A.S.H.

Na época em que a Dieta D.A.S.H. foi desenvolvida, em meados da década de 1990, a norma nutricional predominante era encorajar o alto consumo de grãos e o mínimo de gordura. Mas todo mundo ficou mais gordo e menos saudável.

Em seguida, ocorreu uma proliferação de dietas de baixo consumo de carboidratos. Por ter sido, inicialmente, ridicularizada pela classe médica, imagine a surpresa quando estudos mostraram que não havia efeitos adversos para a saúde no aumento de consumo de gordura! Com a norma dietética tradicional de cabeça para baixo, os pesquisadores da Dieta D.A.S.H. projetaram um novo estudo para avaliar os efeitos da versão pobre em carboidratos da dieta. Em outras palavras, eles queriam fazer sua própria comparação para ver se a Dieta D.A.S.H. com o consumo de alguns amidos substituído pelo de grandes quantidades de proteína ou mais gorduras saudáveis para o coração forneceria os mesmos benefícios que a Dieta D.A.S.H. original (rica em carboidratos). E imagine a surpresa que tiveram quando descobriram uma melhora ain-

A Dieta do Coração

da maior nos níveis de pressão arterial com a versão pobre em amido da Dieta D.A.S.H.

Este é o primeiro livro a usar o estudo, há muito esquecido, patrocinado pelo NHI*, que apresenta a versão pobre em amidos da Dieta D.A.S.H. Em combinação com outras pesquisas que nos ajudaram a aprender sobre a perda de peso e os benefícios para a saúde oriundos de uma dieta pobre em carboidratos, você terá agora o plano melhorado da Dieta D.A.S.H.

Como nutricionista particular e trabalhando com nutrição clínica no hospital naval, tenho implementado com sucesso este plano da Dieta D.A.S.H. em centenas de pessoas. Muitas delas, membros das Forças Armadas que precisavam perder peso para manter os níveis de aptidão física exigidos pelo tipo de serviço que executam. Esses marinheiros, soldados, fuzileiros navais e aviadores precisam se manter em forma e saudáveis, o que não seria possível com um plano emergencial rápido e prejudicial à saúde. Sim, o plano da nova Dieta D.A.S.H. acelera a perda de peso, mas atingimos a meta de peso enquanto mantemos a massa muscular necessária para ficar em forma. O resultado: uma melhora no funcionamento do metabolismo, baixo índice de gordura corporal, aumento da força e saúde cardiovascular e uma melhora geral na saúde.

O plano da Dieta D.A.S.H., especialmente desenvolvido para acelerar a perda de peso, também se provou eficaz para a família dos militares e para aqueles que já estavam aposentados, que tinham diabetes ou estavam pré-diabéticos. Baixar os níveis de glicose no sangue, reduzir a pressão arterial, melhorar as taxas de colesterol e triglicerídeos, enquanto alcançavam um peso mais saudável, tornou-se fácil para esses pacien-

---

* N.T.: NHI – National Institutes of Health (sigla em inglês para o Departamento Nacional de Saúde americano).

tes. A Dieta D.A.S.H. pobre em carboidratos mantém a fome sob controle, pois é composta de frutas, legumes e verduras de baixa caloria e fornece saciedade duradoura com comidas ricas em proteína magra e gorduras saudáveis para o coração. Repleto de excelentes receitas, esse plano alimentar com baixo consumo de carboidratos não se parece de modo algum com uma dieta.

A Dieta D.A.S.H. é o antídoto perfeito para a epidemia de obesidade. Ainda rico em alimentos-chave da Dieta D.A.S.H. original — frutas, legumes, verduras, leite desnatado, carnes magras, peixes e aves, oleaginosas, feijões e sementes; quantidades moderadas de grãos integrais, e gorduras saudáveis para o coração —, esse programa aumenta os benefícios à saúde e promove uma perda de peso rápida, notável e sustentável.

Antes de entrarmos na versão completa desta nova Dieta D.A.S.H., várias pessoas se beneficiarão ao passarem pela fase de "reset", para acabar com seus desejos por certos tipos de alimentos e ativarem sua perda de peso. Assim, no Capítulo 3, apresentamos um jeito infalível de despertar seu metabolismo para queimar gordura e desenvolver uma maneira mais saudável de comer, que elimina o anseio por comida.

Como conciliar o baixo consumo de carboidratos e a Dieta D.A.S.H.? Primeiramente, você não precisa de todos esses alimentos ricos em amido refinado que a maioria de nós consome em excesso. Com certeza, eles não fazem parte do que torna a Dieta D.A.S.H. um plano saudável. E consumir alimentos mais ricos em proteínas é importante à medida que envelhecemos. No fim da década de 1980 e começo dos anos 1990, a ingestão diária recomendada de proteínas era muito baixa. A dose diária indicada de proteína era apenas suficiente para prevenir a perda muscular durante períodos de inanição. Mas não era alto o bastante para prevenir a perda muscular

A Dieta do Coração

no processo de envelhecimento. E os profissionais de nutrição daquela época eram ensinados a elaborar planos de perda de peso em que as calorias de todos os grupos alimentares eram reduzidas proporcionalmente. Hoje em dia, sabemos que quando você ajuda as pessoas a diminuírem sua ingestão calórica, deseja manter o nível de proteínas alto o bastante para preservar a massa muscular. São, principalmente, as calorias vindas dos carboidratos que você quer reduzir.

Com certeza, grãos integrais são saudáveis. A fibra, as lignanas, vitaminas e minerais são benéficos. Mas temos de ser cuidadosos para não consumirmos mais do que podemos queimar. E, frequentemente, os grãos estão presentes em comidas cheias de açúcar. Pelas pesquisas de Barbara Rolls, que deram origem à Dieta Volumétrica, sabemos que alimentos que contêm água saciam mais do que aqueles mais secos. A maior parte das comidas que contém grãos, como pães, bolos, biscoitos, cereais secos e até mesmo pipoca, apresentam níveis relativamente baixos em relação à hidratação. Já que não saciam, estamos mais propensos a comer em excesso esses tipos de alimentos. Uma dieta que "esquece" esses alimentos à base de grãos refinados realmente facilita a contenção das calorias sem que seja preciso ficar pensando muito nisso.

Outro motivo pelo qual alimentos ricos em amido tendem a provocar fome é o fato de serem transformados rapidamente em açúcar. Mais precisamente, tornam-se glicose, que é o açúcar no sangue, monitorado na diabetes. Quando há um aumento de glicose no sangue, isso faz com que o corpo produza mais insulina para regular o nível de açúcar. Quando estamos mais jovens e relativamente em forma, respondemos bem à insulina, a taxa de açúcar no sangue não sobe tanto, e a glicose segue até o nosso tecido muscular para fornecer energia para atividades físicas. Entretanto, conforme envelhecemos, e se estivermos menos em forma, os músculos não respondem bem à insulina. A má notícia é que nossa gordura da região abdominal responde bem a esse hormônio, então o açúcar fica estocado nessa gordura e se converte em mais gordura. É possível que a insulina erre seu alvo, causando queda do nível de açúcar no sangue, e, consequentemente, ainda mais fome. Essa montanha-russa de picos de açúcar no sangue pode levar a mais vontade de comer e à sensação de fome descontrolada. Refeições que têm como base apenas amidos e/ou açúcares nos farão sentir fome de novo, e mais rápido.

Por outro lado, frutas, legumes e verduras também contêm carboidratos. Eles são ricos em fibras, apresentam açúcares naturais e bastante água, de modo que são relativamente pobres em calorias por porção. Esses alimentos são volumosos e saciam, o que os torna excelentes opções de alimentos para preencher seu prato. E, é claro, são ricos em todos os tipos de vitaminas, minerais, antioxidantes e outros nutrientes vegetais saudáveis. Alguns legumes e verduras contêm mais amido e são mais calóricos que outros, então precisamos ser mais cuidadosos com as porções desses alimentos, tais como batatas, abóboras e ervilhas. Mas com todo o resto, a abundância torna muito mais fácil permanecer na linha.

Alimentos ricos em proteínas também saciam mais do que aqueles feitos de grãos refinados. A proteína leva mais tempo para ser digerida, e isso não causa o pico de açúcar no sangue proporcionado pelas comidas ricas em amido. Você fica muito mais propenso a se sentir satisfeito se adicionar alguns alimentos ricos em proteínas às suas refeições e lanches. Com a Dieta D.A.S.H., você aprenderá como fazer isso. Por exemplo, se fizer um lanche com uma fruta e um pouco de queijo magro ou uma porção de nozes, você se sentirá satisfeito por mais tempo. Adicione um ovo cozido em seu café da manhã.

Se for comer massa, certifique-se de adicionar um molho feito com carne ou feijões para que a refeição proporcione mais saciedade. Precisamos de mais proteína conforme envelhecemos. Nossa meta é manter o máximo de músculos possível nessa fase.

Gorduras saudáveis para o coração também são uma parte importante da mistura que resulta em saciedade. As gorduras retardam a digestão, fazendo com que a energia de sua comida entre em sua corrente sanguínea mais lentamente. Sim, as gorduras têm mais calorias do que carboidratos e proteínas. Entretanto, em quantidades moderadas, são muito proveitosas para manter a fome sob controle. Com frequência, quando as receitas reduzem a quantidade de gordura na comida, elas não diminuem as calorias. Como isso acontece? Uma das coisas que as gorduras proporcionam às receitas é ajudar a deixar a mistura mais aerada. Então, sem gordura, a comida é mais densa, e uma porção poderá ter a mesma quantidade de calorias com ou sem gordura. Você se lembra dos populares biscoitos pobres em gordura do começo da década de 1990? Eles tinham exatamente a mesma quantidade de calorias que aqueles cheios de gordura que substituíram. A vida não é justa. Mas esse fato fornece outro exemplo de como as dietas ricas em carboidratos e pobres em gordura deram errado.

E o que dizer sobre os problemas de saúde envolvendo gorduras, carboidratos e proteínas?

Nas décadas de 1980 e 1990, a crença geral era de que dietas pobres em gordura e proteínas e ricas em carboidratos eram melhores para a saúde do coração. Os especialistas nos diziam que dietas ricas em gordura causariam aumento das taxas de colesterol e triglicerídeos. O aumento do consumo de proteínas poderia causar falência renal. Entretanto, na verdade, as dietas ricas em carboidratos podem causar picos nos níveis de triglicerídeos, especialmente se a pessoa é resistente à insulina. Níveis elevados de triglicerídeos podem ser um sinal precoce de uma iminente diabetes do tipo 2. E dietas ricas em carboidratos tendem a provocar a produção do colesterol ruim, enquanto diminui o nível do bom colesterol. Estudos demonstram que as pessoas que consomem gorduras saudáveis para o coração, especialmente azeite de oliva, oleaginosas e frutos do mar ricos em DHA e EPA,* correm menos risco de morrer por doenças cardiovasculares. Junto com suas propriedades anti-inflamatórias, essas gorduras benéficas para o coração estão definitivamente em nossa lista de alimentos obrigatórios.

Antigamente, pensava-se que as dietas ricas em proteínas seriam prejudiciais para as pessoas, já que o excedente de proteínas faria com que os rins trabalhassem mais. Entretanto, não estamos recomendando níveis excessivamente altos de proteína. E, é claro, as dietas tradicionais, com alto consumo de sal, açúcar e amido, também acarretam trabalho extra para os rins e uma taxa elevada de açúcar no sangue, o que pode causar danos aos pequenos vasos sanguíneos desses órgãos. Felizmente, a abordagem equilibrada da Dieta D.A.S.H. é consistente com a saúde do coração e menos propensa a causar danos aos rins. Obviamente, as pessoas portadoras de doenças renais, que foram aconselhadas por seus médicos ou nutricionistas a seguirem certas restrições alimentares, deverão consultar um profissional de saúde antes de adotar qualquer plano alimentar novo.

---

* Siglas em inglês para ácidos graxos da família ômega 3, benéficos para o coração.

Outra preocupação com a saúde era a teoria de que as dietas ricas em proteínas poderiam afetar a saúde dos ossos. Pesquisas recentes demonstram que o consumo moderado de proteínas está associado a uma melhora da saúde óssea e à redução do risco de desgaste ósseo quando comparado a uma dieta de baixo consumo proteico.

Questões de peso

Com este livro, você vai aprender que as atitudes mais importantes que pode adotar para perder peso são manter uma dieta saudável e se tornar fisicamente mais ativo. Você não ficará apenas mais saudável, mas também se sentirá melhor e se tornará mais atraente.

O que é um peso saudável?

Há muitas definições do que seja um peso saudável, mas a mais óbvia é a de que o ideal é o peso com o qual você não tenha problemas de saúde. E, infelizmente, mesmo indivíduos cujo peso se classifica na condição de "saudável" podem ainda manter hábitos — tais como o consumo de muitas comidas processadas e sedentarismo — que lhes causam um risco maior de desenvolver certas doenças. Isso se chama "obesidade metabólica" ou "obesidade do peso normal".

Atualmente, o IMC (Índice de Massa Corporal) é a medida mais comum usada para definir um peso saudável. Se o IMC está entre 19 e 24, é considerado saudável. Entre 25 e 29 é considerado acima do peso. Um IMC acima de 30 classifica o indivíduo como obeso, e acima de 40, configura obesidade mórbida. Essas categorias não são apenas distinções arbitrárias. Os riscos para a saúde aumentam em cada uma delas. Por exemplo, as mulheres que estão na categoria acima do peso são cerca de 70% mais propensas a ter hipertensão se comparadas com aquelas que apresentam um peso normal, e o dobro da probabilidade se elas forem obesas. As preocupações em relação à diabetes são ainda mais dramáticas em mulheres com o IMC acima de 35, sendo 30 vezes mais propensas a desenvolverem a doença; e mesmo as mulheres que estão apenas na categoria acima do peso correm um risco 18 vezes maior de terem diabetes.

Agora, o IMC não consegue dizer o quão saudável você está, e é perfeitamente possível para alguém ter o IMC dentro da categoria obesidade, mas não estar realmente "muito gordo". Jogadores de futebol americano, por exemplo, são normalmente muito musculosos e têm pesos corporais que parecem ser muito altos para os padrões do IMC. Mas, possivelmente, eles estão bem em forma. Uma avaliação de aptidão física poderia ser o percentual de gordura corporal. Isso pode ser avaliado através da pesagem hidrostática, por exame de densitometria óssea, bioimpedância (BIA) — que é feito por um equipamento profissional com eletrodos —, ou mesmo balanças domésticas que fornecem o número de BIA, dando a leitura do percentual de gordura corporal.

A medida da cintura é um modo muito simples de saber se seu peso é saudável. Se sua cintura está acima dos 88cm, para as mulheres, ou 102cm, para os homens, há riscos de saúde que você precisa avaliar. Sua pressão arterial pode estar alta, bem como sua taxa de açúcar no sangue e/ou a de triglicerídeos. No entanto, mesmo que seu IMC esteja em uma classificação saudável, caso tenha muita gordura na região abdominal, você precisa mudar seus hábitos alimentares e começar a se exercitar mais. Felizmente, a Dieta D.A.S.H. ataca a gordura concentrada nessa região. Houve um tempo em que ninguém acreditava que o "emagrecimento localizado" fosse possível.

A Dieta do Coração

Contudo, já que o excesso de gordura abdominal deve-se principalmente ao excesso de consumo de amidos e açúcares, seguir esse programa ajudará você a perder seus "pneuzinhos".

Sua meta de peso saudável

Estabelecer objetivos, especialmente os de curto prazo, pode ser muito motivador e ajudar você a se manter na linha. Sua meta de peso deve estar entre as categorias peso saudável e sobrepeso. Se você precisa perder muito, estabeleça um objetivo mais modesto, digamos de 5% a 10% de seu peso atual. Isso o ajudará a sentir-se bem-sucedido quanto a atingir e ultrapassar suas metas e o tornará mais saudável. Segundo o *Diabetes Prevention Study* (Estudo de Prevenção à Diabetes), perder um pouco de peso, como 7%, reduz de modo significativo o risco de desenvolver a doença.

Não vamos calcular a sua meta de calorias. É isso mesmo, você não precisará contá-las. Em vez disso, vai se concentrar apenas em incluir grupos alimentares e aprender a medir o tamanho das porções, especialmente quando se tratar de comidas muito calóricas. Isso é muito mais simples. Afinal de contas, nós comemos comidas, não calorias. Concentrar-se em como incluir uma variedade de grupos alimentares vai ensinar a você hábitos que o acompanharão a vida toda.

Além disso, você precisa ter certeza de que está

Quais são os riscos para sua saúde?

- Cintura muito larga? ❑
- Pressão arterial alta? ❑
- Níveis de colesterol ou triglicerídeos altos? ❑
- Uma dieta rica em sal? ❑
- Come alimentos muito doces ou ricos em amido? ❑
- Come muita fritura? ❑
- Não come nenhum vegetal, frutas e laticínios o suficiente? ❑

Índice de Massa Corporal (IMC)

Altura (m)	19	20	21	22	23	24	25	26	27	28	29	30	31	32	33	34	36	38	40
1,50	43	45	47	50	52	54	56	59	61	63	65	68	70	72	74	77	81	86	90
1,52	44	46	49	51	53	55	58	60	62	65	67	69	72	74	76	79	83	88	92
1,54	45	47	50	52	55	57	59	62	64	66	69	71	74	76	78	81	85	90	95
1,56	46	49	51	54	56	58	61	63	66	68	71	73	75	78	80	83	88	92	97
1,58	47	50	52	55	57	60	62	65	67	70	72	75	77	80	82	85	90	95	100
1,60	49	51	54	56	59	61	64	67	69	72	74	77	79	82	84	87	92	97	102
1,62	50	52	55	58	60	63	66	68	71	73	76	79	81	84	87	89	94	100	105
1,64	51	54	56	59	62	65	67	70	73	75	78	81	83	86	89	91	97	102	108
1,66	52	55	58	61	63	66	69	72	74	77	80	83	85	88	91	94	99	105	110
1,68	54	56	59	62	65	68	71	73	76	79	82	85	87	90	93	96	102	107	113
1,70	55	58	61	64	67	69	72	75	78	81	84	87	90	92	95	98	104	110	116
1,72	56	59	62	65	68	71	74	77	80	83	86	89	92	95	98	101	106	112	118
1,74	58	61	64	67	70	73	76	79	82	85	88	91	94	97	100	103	109	115	121
1,76	59	62	65	68	71	74	77	81	84	87	90	93	96	99	102	105	111	117	124
1,78	60	63	67	70	73	76	79	82	86	89	92	95	98	101	105	108	114	120	127
1,80	62	65	68	71	75	78	81	84	87	91	94	97	100	104	107	110	117	123	130
1,82	63	66	70	73	76	79	83	86	89	93	96	99	103	106	109	113	119	126	132
1,84	64	68	71	74	78	81	85	88	91	95	98	102	105	108	112	115	122	129	135
1,86	66	69	73	76	80	83	86	90	93	97	100	104	107	111	114	118	125	131	138
1,88	67	71	74	78	81	85	88	92	95	99	102	106	110	113	117	120	127	134	141
1,90	69	72	76	79	83	87	90	94	97	101	105	108	112	116	119	123	130	137	144

Peso (kg)

Legenda: IMC menor que 19: abaixo do peso; IMC 19-24: peso saudável; IMC 25-29: sobrepeso; IMC 30-39: obesidade; IMC acima de 40: obesidade mórbida.

A DIETA DO CORAÇÃO

perdendo gordura, não músculo. Um cardápio balanceado, cheio de proteínas, cálcio e magnésio, ajudará na preservação dos músculos. Adicionar exercícios físicos, sobretudo musculação, também contribuirá para manter uma massa corporal magra e o metabolismo tão acelerado quanto possível.

A Dieta D.A.S.H.

Com este plano, você ficará saciado, terá menos vontade de comer besteira e sentirá que está comendo de uma forma mais saudável e leve. Você desejará continuar a sentir isso, o que torna muito mais fácil permanecer dentro de seu plano alimentar.

Durante a primeira fase, você reaprenderá a fazer as refeições. Seu foco será a escolha de alimentos ricos em proteínas, que dão saciedade. Você aprenderá a combinar os alimentos proteicos com vegetais que fornecem saciedade e são muito saudáveis e pouco calóricos. Esta fase irá redefinir suas preferências de paladar e transformará o modo como você come em uma coisa mais leve, mais saudável. É uma transição de duas semanas para redefinir toda a sua maneira de se alimentar, e isso impulsionará a perda de peso. Quanto mais rápida, a perda de peso inicial é muito motivadora devido às mudanças visíveis. Você logo perceberá que suas roupas estão mais folgadas, especialmente ao redor da cintura.

O único componente-chave da Dieta D.A.S.H. que não aparece durante a primeira fase é a fruta. A boa notícia é que isso acontece apenas durante a primeira fase. Nós estamos dando aos seus hormônios do sistema digestivo, fígado e pâncreas uma folga de sua dieta costumeira. Isso é especialmente importante para permitir que o açúcar em seu sangue não sofra elevações e permaneça estável. Ao não incluir alimentos ricos em amido e açúcar, você garantirá que não terá picos de açúcar no sangue e evitará os altos e baixos que são típicos da maioria dos padrões alimentares. Isso imediatamente diminui sua fome.

Outros benefícios que foram relatados durante a fase inicial incluem a redução ou eliminação de refluxo gástrico, diminuição da sensação de tontura e confusão mental, bem como dos sintomas de alergias. Como os grãos não fazem parte dessa fase, é claro, ela é livre de glúten. A Fase Um é composta de laticínios, já que eles são uma peça-chave da Dieta D.A.S.H., mas você também pode escolher substitutos lácteos, caso esse grupo alimentar seja um problema para você.

Depois dessa fase inicial de redefinição, você estará pronto para a Fase Dois, que consiste em um cardápio pobre em carboidratos. Já terá aprendido a tornar suas refeições mais satisfatórias com proteínas e vegetais pobres em amidos e com gorduras saudáveis para o coração. Na Fase Dois, você adicionará grãos integrais e frutas. Continuará a perder peso, embora de forma um pouco mais lenta do que na fase inicial. Esse cardápio se transforma em um plano que você pode desfrutar pelo resto de sua vida.

Parte I

Personalizando sua Dieta D.A.S.H.

CAPÍTULO 3

Fase Um: duas semanas para redefinir seu metabolismo, turbinar a perda de peso e diminuir sua cintura

A Dieta D.A.S.H. não requer que você conte calorias. Você irá, no entanto, se concentrar em conseguir um equilíbrio entre os grupos alimentares. Vamos, principalmente, manter um foco positivo nos alimentos que você deseja incluir, em vez de gastar muito tempo nos que você deve evitar.

Durante a Fase Um, você vai seguir uma dieta mais restritiva do que na Fase Dois, mas isso o ajudará a desenvolver os hábitos alimentares que o farão muito bem-sucedido com a Dieta D.A.S.H. Esses hábitos o ajudarão a alcançar seu objetivo de perda de peso e a manter o peso saudável. Quais são esses hábitos-chave? Em primeiro lugar, você aprenderá a consumir muitos vegetais e a contar com eles para dar volume à sua dieta. Também aprenderá a incluir alimentos ricos em proteínas, que aumentam a saciedade, ajudam a reduzir a fome entre as refeições e a manter o nível de açúcar no sangue mais estável. Sem os alimentos ricos em amido e açúcar, seu metabolismo funcionará de forma mais eficiente, uma vez que você vai diminuir a demanda de insulina. Você vai notar que

A Dieta do Coração

está comendo de forma mais leve e saudável e se sentirá bem. Nos primeiros dias, também vai perceber que sua cintura está encolhendo, pois está perdendo a gordura da região abdominal. Pode ser que as pessoas que se queixam frequentemente de azia notem não estarem mais passando por esse problema com essa dieta.

Se você tem diabetes ou está tomando alguma medicação para a doença, por favor, consulte seu médico e/ou nutricionista sobre a adoção dessa dieta. Ela pode reduzir de forma significativa sua necessidade de medicação, mas não a altere sem primeiro consultar-se com seu profissional de saúde. Isso também vale em se tratando de sua pressão arterial. Se você constatar que ela é baixa, por favor, entre em contato com seu médico antes de mudar sua dosagem do medicamento para a pressão arterial.

Durante a primeira fase, você melhorará o seu metabolismo, e sua necessidade de insulina cairá significantemente. Enquanto a insulina promove o desenvolvimento de músculos nas crianças, em adultos ela contribui para o armazenamento de gordura. Com quase nada de amido ou açúcar durante essa fase, você deixará de alimentar sua gordura da região abdominal. Junto com a perda visível de peso, também virá a redução da circunferência de sua cintura. A insulina também pode ser um gatilho para a fome. Com menos insulina circulando e com a taxa de açúcar no sangue mais estável, sua fome finalmente ficará sob controle.

Muitas pessoas que lutam com problemas de peso e saúde têm o que é conhecido como síndrome metabólica (também chamada de síndrome dismetabólica ou síndrome X). Mulheres que sofrem de SOP (Síndrome do Ovário Policístico) podem ter síndrome metabólica. Ela está relacionada a uma combinação de sintomas, incluindo triglicerídeos altos, hipertensão, circunferência abdominal e/ou HDL (o bom colesterol) baixo. As estimativas atuais sugerem que 25% dos americanos sofrem dessa síndrome. Felizmente, a Dieta D.A.S.H. aborda todos esses sintomas. Além da diminuição da sua cintura, sua pressão arterial deverá se normalizar junto com seus níveis de triglicerídeos, HDL e açúcar no sangue.

Como mencionei anteriormente, em vez de contar calorias, você vai se concentrar em incluir os grupos alimentares fundamentais. Como isso funciona? No decorrer da primeira fase, você aprenderá a encher seu prato com vegetais pouco calóricos e proteínas suficientes para tornar a refeição satisfatória. Isso reduz de imediato sua demanda por insulina durante a refeição e mantém seu nível de açúcar no sangue ainda mais baixo.

Fase Um: o plano intuitivo de 14 dias

Nossa introdução bastante simples lhe dará uma visão geral de como a Fase Um funciona. Exemplos de cardápio serão dados no Capítulo 4.

Inclua porções moderadas destes alimentos

Alimentos ricos em proteínas e pobres em gordura saturada

- Carnes magras, peixe e aves.
- Feijões, lentilhas e alimentos à base de soja.
- Queijos magros ou completamente sem gordura.
- Ovos inteiros.
- Iogurte não adoçado ou adoçado artificialmente (um por dia).

Gorduras saudáveis para o coração

- Abacate.
- Óleos vegetais, em especial azeite de oliva, óleo de canola e de oleaginosas (o óleo de coco e o azeite de dendê estão excluídos, já que são ricos em gordura saturada).
- Molhos para salada, em especial aqueles à base dos óleos indicados no item anterior.

Alimentos ricos em proteína e que contêm gordura saudável

- Oleaginosas (dê preferência às cruas e sem adição de sal) e sementes.
- Peixes gordurosos.

Desfrute o quanto quiser destes alimentos

- Gelatina diet (ela será a substituta para sua fruta e sobremesa).
- Vegetais sem amido (estão excluídos alimentos como batatas, abóbora, milho etc.).

Evite estes alimentos

- Alimentos ricos em amidos (exceto feijões). Isso significa não ingerir pão, massa, batata, arroz etc. Não consumir alimentos fritos por imersão.
- Alimentos ricos em açúcar, incluindo frutas.
- Álcool.
- Leite.
- Bebidas que contêm cafeína, exceto as que acompanham refeições e lanches.

Sete passos para o sucesso

1. *Não pule nenhuma refeição ou lanche.* Isso manterá o nível de açúcar em seu sangue estável e o ajudará a não sentir fome. Pessoas que pensam que estão acelerando sua perda de peso pulando refeições e lanches relataram ter sentido tremores e tontura. Seu objetivo é aprender como sua fome é facilmente controlada quando o nível de açúcar em seu sangue está mais ajustado.

2. *Limite o tempo de exercício físico a não mais do que 30 minutos ou a uma atividade leve ou moderada por dia durante a fase inicial, pois você não quer que seu nível de açúcar no sangue fique muito baixo.* Embora o exercício físico não seja essencial durante a Fase Um, sabemos que uma atividade moderada, como a caminhada, ajuda na queima de gordura da região abdominal, sem causar perda de massa muscular.

3. *Vá dormir mais cedo.* Você se sentirá com menos energia durante essa fase inicial e sentirá a necessidade de ir para cama mais cedo do que o habitual. Isso é normal; não se preocupe. Seu nível de energia voltará ao fim das duas primeiras semanas.

4. *Não restrinja muito o sal e tome a quantidade suficiente de líquidos — pelo menos oito copos por dia* (sim, até as bebidas com cafeína contam, bem como a gelatina). Isso ajudará a aumentar a energia. O programa inicial de 14 dias pode ser desidratante. Sem alimentos ricos em amidos e açúcares em sua dieta, seu corpo expulsará o excesso de líquidos. Permita-se consumir uma quantidade moderada de comidas salgadas, o que o ajudará a prevenir a perda excessiva de líquidos.

5. *Diga a si mesmo que precisa apenas se manter no programa "hoje".* Você pode se ater ao cardápio apenas por

uma refeição, depois outra, e outra, até o fim do dia. Construa uma série desses dias para completar as duas semanas. A filosofia "uma refeição, um dia de cada vez" funciona.

6. *Tente relaxar.* Você pode ficar irritadíssimo na metade do período inicial. Não é inédito alguém ter uma pequena crise no meio desta fase. Caminhe e tente relaxar. Seu corpo está passando por muitas mudanças, todas para melhor. Continue; ficará mais fácil no dia seguinte.

7. *Concentre-se no resultado da perda de peso.* Seu sucesso o manterá concentrado e tornará mais fácil manter-se na linha. É perfeitamente aceitável se pesar diariamente, sobretudo durante essa fase — criará uma aura de sucesso. As mulheres poderão achar que a perda de peso fica mais lenta ao fim da segunda semana. Não se preocupem com isso, ela vai aumentar quando vocês começarem a próxima fase.

Comendo na Fase Um

No Capítulo 4, você encontrará cardápios detalhados para os próximos dias. Contudo, a seguir estão algumas orientações gerais e sugestões para quando preparar refeições na Fase Um.

Cafés da manhã

- Ovos com um pouco de queijo por 1 ou 2 dias.
- 1 ou 2 fatias de lombo canadense ou presunto (ambos são considerados carnes magras) ou alternativas à base de soja.
- Suco de tomate ou de vegetais, se desejar.

- Alternativas para o ovo: os enroladinhos do almoço (vistos adiante) ou iogurte sem açúcar ou adoçado artificialmente.

Lanches do meio da manhã

Pelo menos dois dos itens abaixo:
- Queijo magro, como queijinhos pasteurizados em tabletes, queijo de minas frescal light ou queijo cottage light (uma porção de 120g).
- Vegetais, incluindo aipo, rabanete, cenoura, pepino, pimentões fatiados, tomates-cereja ou tomate-uva.
- Oleaginosas — ¼ de xícara ou menos. Se misturá-las com queijo, limite a porção a 1 colher de sopa.

Almoços

Escolha um destes pratos principais ricos em proteínas e todos os outros acompanhamentos:
- Salada de uma variedade de legumes e alimentos ricos em proteínas. Esqueça os *croutons*.* Embora o queijo magro seja o mais aconselhável, você pode, de vez em quando, adicionar queijo comum.
- Tomate recheado com salada de ovo, salada de clara de ovo, salada de frango e/ou de atum.
- Enroladinhos feitos com presunto, peru ou rosbife magro, queijo magro e/ou alface no lugar do pão.
- Vegetais e/ou salada servida com molho.
- Gelatina zero açúcar.

---

* N.T.: Pedacinhos, quase sempre cubinhos, de pão, fritos ou assados, que podem levar manteiga, margarina, óleo ou azeite de oliva, e que são usados como acompanhamento em sopas e saladas.

Lanches do meio da tarde (e antes do jantar, caso seja preciso)

Os mesmos constantes nos lanches da manhã. Incluindo outras opções:

- Tiras de pimentão mergulhadas em guacamole ou molho para salada.
- Amendoins com casca — uma porção de dez deles, o que dará vinte, quando descascados.

Jantares

Incluir todos os alimentos abaixo:

- Carne magra, peixes, aves, ou um substituto vegetariano para a carne.
- Vegetais sem amido.
- Salada com molho.
- Gelatina zero açúcar.

Sugestões para comer fora de casa

Cafés da manhã

- Ovos ou omeletes.
- Um pouco de bacon é aceitável.
- Suco de tomate ou de vegetais (180ml ou menos).

✓ *Dica*: no lugar da torrada, pergunte se você pode pedir tomates fatiados.

Almoços

- Saladas com carnes ricas em proteínas.
- Hambúrguer ou frango sem o pão, acompanhado de vegetais e/ou salada de repolho ou de vegetais folhosos.

✓ *Dica*: comer hambúrgueres sem o pão se tornará um hábito. Lembre-se, não há regras contra o consumo de vegetais (exceto batatas fritas) com um hambúrguer. Pergunte que tipos de vegetais estão disponíveis. Saladas funcionam como opções de refeições rápidas — ou peça uma de acompanhamento e adicione a ela seu hambúrguer ou seu frango, sem o pão.

Jantares

- Carnes magras, peixes ou aves.
- Vegetais como acompanhamento.
- Salada com molho.

✓ *Dica*: saia antes da sobremesa.

Vá ao supermercado para estocar...

- Queijos magros embalados individualmente, tais como queijinhos pasteurizados em tabletes, queijo cottage magro (porção de 120g) e demais queijos magros.
- Ovos.
- Caixas de gelatina zero açúcar.
- Queijo magro em fatias e embutidos magros.
- Oleaginosas (de preferência sem torrá-las em óleo), tais como amendoins secos ou assados, amêndoas cruas, castanhas-de-caju ou nozes. Escolha oleaginosas que não sejam viciantes para você. Quando ainda nas cascas, elas lhe darão mais trabalho, o que o ajudará a evitá-las.
- Guacamole.
- Atum em lata, salmão ou outro peixe gorduroso.
- Contrafilé magro e moído.
- Cortes de carne bovina, como coxão duro, coxão mole, lagarto, acém ou lombo, lombinho e alcatra.
- Peito de frango sem pele.

A D<small>IETA DO</small> C<small>ORAÇÃO</small>

- Costeleta de porco magra, lombo ou lombinho de porco.
- Peito de peru.
- Peixes ou outros frutos do mar (sem serem empanados ou fritos).
- Vegetais frescos, como alface, pimentões, cenouras baby, rabanetes, tomates, abobrinha, abóbora-menina etc.
- Vegetais congelados (sem molho), tais como brócolis, seleta de legumes, vagem, ervilhas, couve-flor, espinafre, couve-de-bruxelas etc.

✔ *Observação*: Por favor, escolha os alimentos dos quais você goste na lista acima. Essa dieta seria muito mais difícil se você tentasse comer alimentos que detesta.

> ### Dicas rápidas e fáceis
>
> Confira se há no *buffet* salada de pimentões, pepinos e aipo fatiados.
>
> Procure por salada de repolho ou de vegetais folhosos, salada de ovos, atum e salmão escaldado.
>
> No supermercado ou na loja de alimentos prontos, opte por peito de frango ou peru previamente assados da seção "Prontos para consumo".
>
> Faça um estoque de gelatinas zero açúcar prontas para consumo.

Planeje, planeje, planeje

- Leve seus almoços e lanches para o trabalho, ou faça um estoque no refrigerador do trabalho, ou leve uma sacola térmica com todas as comidas permitidas.
- Certifique-se de que você tem todos os alimentos-chave da Dieta D.A.S.H. à mão.

- Não pule nenhuma refeição ou lanche.
- Planeje o que irá comer em cada refeição e lanche, a cada dia.
- Prepare os alimentos a seguir para refeições rápidas.
  - Nos fins de semana, grelhe vários peitos de frango que poderão ser usados em outros pratos, como acompanhamento para saladas ou mesmo uma salada de frango.
  - Cozinhe alguns ovos. Descasque-os e coloque-os em embalagens próprias para serem refrigeradas. Use-os para um café da manhã rápido, acompanhamento para salada, ou uma salada de ovos ou de atum.
  - Grelhe vários hambúrgueres no fim de semana para usá-los em refeições rápidas.
  - Prepare carne moída, espaguete ou carne assada fatiada para usar em diversas refeições.
- Planeje o que vai comer antes de entrar em um restaurante.

Não se esqueça de seu objetivo. Assim, o plano será bem-sucedido.

Uma visão geral sobre os padrões da Fase Um da dieta

A tabela a seguir o ajudará a entender os padrões de grupos alimentares diários para a Fase Um da Dieta D.A.S.H.:

Porções diárias de cada grupo alimentar na Fase Um			
	Pouco apetite	Apetite moderado	Bastante apetite
Vegetais sem amido	Sem restrições, no mínimo 5 por dia		
Laticínios	2	2-3	2-4
Oleaginosas, feijões, sementes	1	1-2	1-2
Carnes magras, peixe, aves, ovos	140g–170g	170g–230g	230g–310g
Gorduras	1–2	2–3	2–4

O que você terá alcançado?

Durante a Fase Um, você terá aprendido a encher seu prato com vários vegetais coloridos e a acompanhá-los com carnes magras, peixe e aves ou outros alimentos ricos em proteína, e terá adicionado laticínios pobres em gordura à sua dieta. Também terá aprendido que sua fome é fácil de ser controlada quando o nível de açúcar em seu sangue não sofre altos e baixos, além de ter acalmado a resposta do seu corpo à excessiva ingestão anterior de calorias, especialmente dos açúcares e amidos. Seu corpo não estará produzindo triglicerídeos e colesterol LDL (o colesterol ruim) em excesso ou o hormônio responsável pela estocagem de gordura: a insulina. Como resultado, você perderá peso e se sentirá ótimo! Que grande começo para um plano de perda de peso que melhorará sua saúde e será fácil de seguir! Este é um novo jeito de se alimentar, que se tornará seu novo modo de comer por toda a vida.

Minhas ações para começar a Dieta D.A.S.H.

Vou ao supermercado comprar os alimentos certos.

Os novos alimentos fundamentais para mim serão: _____

Meus alimentos fundamentais favoritos serão: _____

Desafios que poderão interferir para mim:_____
_____

Como lidarei com esses desafios: _____
_____

CAPÍTULO 4

Catorze dias para acelerar seu metabolismo com refeições específicas

Nossas instruções bem simples no Capítulo 3 forneceram praticamente tudo que você precisa saber para seguir a Fase Um. Neste capítulo, melhor ainda, você se divertirá vendo a variedade de maneiras de montar refeições e lanches. Pode ser muito mais fácil manter a linha com um novo plano alimentar se você conseguir visualizar tudo o que combina. Neste capítulo, você será munido de um exemplo de cardápio simples para 14 dias. As refeições são apenas sugestões. Você pode substituir tipos de alimentos semelhantes em quaisquer das refeições ou lanches, ou pode repetir quaisquer um dos dias que forem particularmente fáceis de seguir ou que sejam mais adequados ao seu paladar. Você também pode desejar repetir jantares, caso esteja cozinhando para um ou dois. É absolutamente permitido escolher refeições ou lanches de quaisquer dos dias e combiná-los com as de outros.

Lembre-se, você não pode pular quaisquer refeições ou lanches e também precisa ter uma ingestão balanceada de alimentos que saciam juntamente com alimentos ricos em proteína. Se você começar a se sentir um pouco tonto ou confuso, faça outro lanche. Provavelmente você está se perguntando sobre os tamanhos das porções. Preencher seu prato com muitos vegetais ajuda a compor refeições que satisfazem.

É difícil ir ao extremo com vegetais sem amido. Quando você pensar sobre o tamanho da porção para as carnes, peixes e aves no jantar, tente escolher uma que seja do tamanho da palma de sua mão. Homens maiores precisam de mais proteínas do que mulheres menores, e terão palmas das mãos maiores. Isso é relativamente proporcional à sua porção apropriada de proteína. Conforme você avança pela fase inicial, verá que seu apetite diminui. Pare quando tiver comido o suficiente e estiver comodamente satisfeito. Contudo, se achar que está ficando com fome logo após as refeições, então suas porções estão muito pequenas, especialmente as de proteína. Ocorre também certa sensação de tédio, que se estabelecerá próximo do fim do período dos 14 dias. Isso é normal e, na verdade, ajuda a manter seu apetite sob controle.

Pode soar repetitivo falar da necessidade de ter porções de gelatina zero açúcar prontas para consumo a cada almoço e jantar, mas elas são realmente refrescantes e fazem um bom trabalho como substitutas de sua fruta. Elas são uma maravilha, tem pouquíssimas calorias e saciam bastante. Você aprenderá a encará-las como uma alimentação básica. Mantenha estoques delas em sua cozinha ou no trabalho. E se precisar de duas ou três em uma refeição, isso terá um impacto mínimo no seu consumo de calorias (vá em frente, aproveite!).

Sempre que possível, tentamos sugerir alimentos que requerem o mínimo de tempo para preparação. Por exemplo, para suas saladas de acompanhamento, você pode usar misturas prontas de vegetais já embalados, legumes congelados, cenouras raladas, uma mistura de repolhos, salada de vegetais

A Dieta do Coração

folhosos ou salada de brócolis. Ou pode combinar algumas dessas misturas com alface-romana com um tipo de repolho. Comprar saladas pré-lavadas e pré-selecionadas na seção de hortaliças do supermercado é outro modo de variar o sabor de suas saladas e evitar complicação na hora do preparo.

Temos uma variedade de receitas com ovos no cardápio. Quando for escolhê-los, aqueles ricos em ômega 3 são bons, já que também reduzem o colesterol. E até mesmo a Associação Americana do Coração diz que um ovo grande inteiro por dia cabe em uma dieta saudável para o coração.

A não ser sucos, não especificamos bebidas nessa parte do plano. Suas opções incluem água, café, chá sem açúcar ou ado-çado artificialmente (com adoçante) e refrigerantes dietéticos. Não consuma nenhuma bebida alcóolica. Elas podem conter açúcares e definitivamente possuem calorias e fazem um ótimo trabalho diminuindo a força de vontade e o levando pelo ca-minho da ruína em sua dieta. Então, nada de álcool nessa fase!

Alimentos marcados com um asterisco (*) são associados às receitas apresentadas no Capítulo 16. Já que muitas pessoas, com frequência, enjoam de ovos no café da manhã, procure, em livros e na Internet, receitas variadas de omelete com pou-ca gordura, com diferentes ingredientes, para encontrar ideias divertidas e saudáveis para essa refeição (escolha receitas à base de ovos e evites as voltadas para o preparo de waffles, rabanadas e panquecas).

Dia 1

Café da manhã

- Ovo cozido. Dica: cozinhe vários ovos, descasque-os e guarde-os no refrigerador em embalagem própria para esse fim. Assim, você os terá prontos sempre que precisar, para um café da manhã bem rápido.

- 1 ou 2 fatias de lombo canadense.
- 180ml de suco de tomate, com baixo teor de sódio.

Lanche da manhã

- 1 fatia de queijo light.
- Cenouras baby.

Almoço

- Salada de atum à moda de Acapulco.*
- Tomates-cereja.
- Salada pequena, temperada com molho italiano ou azeite e vinagre.
- Uma xícara de gelatina zero açúcar sabor morango.

Lanche do meio da tarde

- 120g de iogurte sem gordura (sabor de frutas) desnatado e adoçado artificialmente.
- 18 castanhas-de-caju (30g ou ¼ de xícara).

Lanche antes do jantar (opcional)

- Tiras de pimentão. Dica: para cortar as tiras de forma rápida, tire o topo e a parte de baixo de alguns pimentões vermelhos, amarelos ou laranjas. Remova as sementes e corte ao meio. Achate cada metade e, com o auxílio de uma faca bem afiada, corte ao longo do comprimento, removendo as membranas. Então, corte tiras de 2,5cm de largura. Ficam ótimos mergulhados em guacamole, substituindo outros salgadinhos.
- 60g de guacamole, o que dá cerca de ¼ de xícara.

A Dieta do Coração

Jantar

- Frango grelhado crocante.*
- 1 xícara (ou mais) de cenoura, brócolis e couve-flor misturados, cozidos no vapor ou no micro-ondas.
- Salada: mix de alface-romana com molho italiano.
- Uma xícara de gelatina zero açúcar sabor framboesa.

Dia 2

Café da manhã

- Miniomelete rápido com cebola e pimentão verde e vermelho. Pulverize um prato ou uma xícara que possa ir ao micro-ondas com óleo, usando um spray de cozinha. Adicione de 1 a 2 ovos batidos com cebola picadinha e cubinhos de pimentão verde e vermelho. Leve ao micro-ondas, em potência alta, por 1 minuto. Mexa e deixe cozinhar por mais 15 segundos.
- 120–180ml de suco de tomate (com baixo teor de sódio, caso seja industrializado).

Lanche da manhã

- 1 tablete de queijinho pasteurizado.
- 6 tomates-uva.

Almoço

- 2 a 3 rolinhos de peru com queijo suíço, com o queijo para o lado de fora, como se fosse um wrap. Opte por fatias de peito de peru e adicione os condimentos que preferir, como mostarda. Você também pode usar alface como uma camada extra depois do queijo.
- ½ ou 1 xícara de salada de repolho.

- Ervilhas frescas, ainda com a vagem (à vontade).
- Uma xícara de gelatina zero açúcar sabor laranja.

Lanche do meio da tarde

- 1 fatia de queijo light.
- Cenouras baby.

Lanche antes do jantar (opcional)

- 10 amendoins ainda na casca (o que corresponde a 20 amendoins descascados). Dica: descasque-os devagar, assim é menos provável que você os coma em excesso.

Jantar

- Fatias de peru assado.
- Cebolas e cenouras *sauté*. Refogue 1 cebola média, cortada em rodelas finas, em 1 colher de sopa de óleo de canola ou azeite de oliva. Adicione cerca de 240g de cenoura em cubinhos e continue a refogar até que esteja macia. Adicione uma colher de chá de manteiga no final. Dicas: sirva a cenoura *sauté* com o peru para que o prato fique mais saboroso. Se você gosta de suas cenouras realmente muito macias, coloque-as no micro-ondas antes de refogá-las.
- Salada com molho italiano.
- Uma xícara de gelatina zero açúcar sabor limão.

Dia 3

Café da manhã

- Ovos mexidos.
- 1 ou 2 fatias de lombo canadense.
- 120–180ml de suco diet de oxicoco (cranberry).

Lanche da manhã

- 120ml de iogurte light de framboesa, sem gordura, com adoçante.
- 23 amêndoas (30g, ou ¼ de xícara).

Almoço

- Peito de frango frio (não coma a pele ou, no caso de o frango vir empanado, a casca frita). Dica: o frango não precisa estar frio. Essa pode ser uma refeição rápida, mas apenas se você tiver a possibilidade de selecionar as partes inteiras de frango (definitivamente, não escolha tirinhas de frango empanado, pastéis recheados com frango, frango empanado crocante, ou nuggets — levam farinha demais em proporção à carne que oferecem.) Procure saber se o lugar onde você costuma almoçar serve salada de vegetais folhosos e cenouras baby como acompanhamento do frango frito. Talvez você possa preparar essa refeição, além da gelatina, e comê-la em seu escritório.
- Salada de repolho.
- Cenouras baby.
- Uma xícara de gelatina zero açúcar sabor limão.

Lanche do meio da tarde

- 1 ou 2 tabletes de queijinho pasteurizado.
- 6 tomates-uva.

Lanche antes do jantar (opcional)

- Tiras de pimentão.
- Guacamole.

Jantar

- Hambúrguer superdelicioso.*
- 1 xícara de brócolis.

- Salada com molho à base de vinagre balsâmico.
- 1 ou 2 porções de gelatina zero açúcar sabor morango.

Dia 4

Café da manhã

- 1 ou 2 rolinhos de peru com queijo prato light. Em cada rolinho, 30g ou 60g de peru fatiado.
- 120–180ml de suco de tomate com pouco sódio.

Lanche da manhã

- 2 colheres de sopa de manteiga de amendoim crocante.
- 8 cenouras baby.

Almoço

- Salada com frango grelhado.
- 20 nozes.
- Uma xícara de gelatina zero açúcar sabor laranja.

Lanche do meio da tarde

- 1 fatia de queijo de minas frescal light (30g).
- Palitinhos de aipo.

Lanche antes do jantar (opcional)

- Tiras de pimentão.
- Homus.

Jantar

- ¼ de um frango assado comprado pronto.
- 1 xícara de ervilhas (congeladas, aquecidas no micro--ondas).

A Dieta do Coração

- Salada, também comprada pronta, com molho italiano
- Uma xícara de gelatina zero açúcar sabor cereja.

✓ *Dica*: essa é uma ótima opção de jantar quando você não tem muito tempo para a preparação. E ainda é uma refeição completa.

Dia 5

Café da manhã

- Miniomelete rápido. Pulverize um prato ou xícara que possa ir ao micro-ondas com óleo, usando um spray de cozinha. Adicione 1 clara de ovo batida, 2 colheres de sopa de espinafre cozido picado, meio tomate picado, 1 colher de sopa de queijo muçarela light, sal e pimenta-do-reino. Coloque no micro-ondas na temperatura alta por um minuto. Bata e coloque no micro-ondas novamente por mais 15 segundos.
- Suco diet de oxicoco.

Lanche da manhã

- 1 tablete de queijinho pasteurizado.
- Cenouras baby.

Almoço

- 2 ou 3 rolinhos de queijo provolone e carne assada fatiada. Use o queijo para enrolar a carne assada fatiada bem fininha, ou, ainda, use uma folha de alface. Sirva com um pouco de maionese ou mostarda, se quiser.
- Salada italiana de repolho. Acrescente a uma boa quantidade de salada de repolho, tiras de pimentão vermelho

e cenoura ralada. Tempere com azeite de oliva, se possível extravirgem, e vinagre.
- Tomate fatiado.
- Uma xícara de gelatina zero açúcar sabor morango.

Lanche do meio da tarde
- 120ml de iogurte light, sem gordura, adoçado artificialmente.
- 10 castanhas-de-caju.

Lanche antes do jantar (opcional)
- 20 pistaches com casca. Dica: ter que tirar as cascas leva você a comer mais devagar.

Jantar
- Esplendor do jardim, frango refogado com tomates sobre vagens.*
- Salada caprese. Misture 30g de muçarela de búfala bolinha com um tomate médio fatiado, tempere com uma colher de sopa de azeite de oliva e uma colher de sopa de vinagre balsâmico, e decore com uma folha de manjericão.
- Uma xícara de gelatina zero açúcar sabor morango.

Dia 6

Café da manhã
- 1 ou 2 ovos cozidos.
- 1 fatia de lombo canadense.
- 120–180ml de suco de tomate, com baixo teor de sódio.

Lanche da manhã

- 1 tablete de queijinho pasteurizado.
- Tomates-cereja.

Almoço

- Salada de salmão. Misture uma lata de salmão em pedaços com maionese, aipo e quaisquer outros vegetais crocantes de que você goste.
- 1 tomate fatiado.
- Salada com molho italiano.
- Uma xícara de gelatina zero açúcar sabor morango.

Lanche do meio da tarde

- Iogurte light sem gordura, adoçado artificialmente.
- Cenouras baby.

Lanche antes do jantar (opcional)

- 10 amendoins ainda na casca (o que corresponde a 20 amendoins no total).

Jantar

- Frango assado em pé.*
- Purê cremoso de couve-flor.*
- Espinafre.
- Salada mista grande. Incluindo alface-romana e alface-americana, tomate, repolho-roxo, cenoura ralada e tiras de pimentão. Tempere com azeite de oliva e vinagre (ou molho italiano ou vinagre balsâmico).
- Uma xícara de gelatina zero açúcar sabor cereja.

✓ *Dica*: o Frango assado em pé leva uma hora e quinze minutos, em média, para ser preparado. Então, depois de colocá-lo no forno, vá dar uma caminhada ou se ocupe com alguma outra atividade.

Dia 7

Café da manhã

- Ovo(s) cozido(s).
- 10 castanhas-de-caju.
- 120–180ml de suco de tomate com baixo teor de sódio.

Lanche da manhã

- 1 fatia de queijo de minas frescal light (30g).
- Cenouras baby.

Almoço

- Salada de asinhas de frango. Dica: este é um prato que você pode pedir em um restaurante. Personalize seu pedido, escolhendo frango grelhado em vez de frito. Ou você pode preparar em casa o frango grelhado e servir com molho, acompanhado de uma bela salada.
- Uma xícara de gelatina zero açúcar sabor morango. Dica: alguns restaurantes oferecerem alimentos diet, sem açúcar, inclusive gelatina. Mas se não for o caso do restaurante onde você estiver, recuse a sobremesa e coma sua gelatina quando chegar ao escritório ou em casa.

Lanche do meio da tarde

- Iogurte de abacaxi, sem gordura, adoçado artificialmente.
- 10 amêndoas.

Lanche antes do jantar (opcional)

- Palitos de aipo.
- Guacamole.

Jantar

- Chili com vegetais*, coberto com queijo ralado light e cebolas, se quiser.
- Uma xícara de gelatina zero açúcar.

Dia 8

Café da manhã

- 120ml de queijo cottage.
- Suco diet de oxicoco.

Lanche da manhã

- Iogurte light sabor morango, sem gordura, adoçado artificialmente.

Almoço

- Cheeseburger. Dica: se estiver em um restaurante, dispense o pão e corte o hambúrguer em pedacinhos para misturá-lo a uma salada ou peça sem o pão. Use os temperos que preferir.
- Brócolis (se estiver em um restaurante, não em uma lanchonete).
- Salada com molho.

- Uma xícara de gelatina zero açúcar sabor laranja (se o restaurante tiver gelatina no cardápio. Caso a opção não esteja disponível, coma a sobremesa quando chegar ao escritório ou em casa).

Lanche do meio da tarde

- 1 fatia de queijo de minas frescal light.
- 20 nozes.

Lanche antes do jantar (opcional)

- Palitos de vegetais crus.
- Molho *ranch* light.

Jantar

- Salmão grelhado, coberto com tempero para grelhados sem sal.
- Pimentões e cebolas refogados. Dica: você pode usar vegetais congelados, ou cortá-los na hora em que for preparar a refeição. Refogue os vegetais no azeite de oliva.
- Salada com molho italiano ou azeite de oliva e vinagre.
- Uma xícara de gelatina zero açúcar sabor morango.

Dia 9

Café da manhã

- Miniomelete rápido com queijo. Pulverize um prato ou uma xícara que possa ir ao micro-ondas com óleo, usando um spray de cozinha. Adicione 1 clara de ovo batida, sal, pimenta-do-reino e 30 gramas de queijo ralado. Leve ao micro-ondas, em potência alta, por 1 minuto. Mexa e deixe cozinhar por mais 15 segundos.
- 120–180ml de suco diet de oxicoco.

Lanche da manhã

- 1 ou 2 fatias de queijo de minas frescal light.
- 8 cenouras baby.

Almoço

- 2 ou 3 rolinhos de peru fatiado com queijo suíço.
- Salada de repolho.
- Tomates-cereja.
- Uma xícara de gelatina zero açúcar sabor framboesa.

Lanche do meio da tarde

- Iogurte light de morango, sem gordura, adoçado artificialmente.
- 10 castanhas-de-caju.

Lanche antes do jantar (opcional)

- Tiras de pimentão.
- ¼ de xícara de guacamole.

Jantar

- Costeletas de porco à mexicana.*
- Vagens.
- Assado de couve-de-bruxelas ao molho balsâmico.*
- Salada com molho italiano ou azeite de oliva e vinagre.
- Uma xícara de gelatina zero açúcar sabor laranja.

Dia 10

Café da manhã

- 1 ou 2 ovos cozidos.
- Lombo canadense.
- 120–180ml de suco de tomate com baixo teor de sódio.

Lanche da manhã

- 1 tablete de queijinho pasteurizado.
- Tomates-cereja.

Almoço

- Salada de frango com gergelim.* Dica: se você não estiver em casa quando for fazer essa refeição, prepare-a na noite anterior.
- Tiras de pimentão.
- Uma xícara de gelatina zero açúcar sabor morango.

Lanche do meio da tarde

- 120g de queijo cottage, com pouca ou sem gordura.
- Palitos de aipo.

Lanche antes do jantar (opcional)

- Palitos de vegetais crus.
- Homus.

Jantar

- Pizza sem massa.*
- Salada variada. Dica: adicione vários tipos de vegetais como pepinos, cenouras, tomates, repolho-roxo, pimentão fatiado, cogumelos etc. Sirva com molho italiano, azeite de oliva e vinagre, ou molho vinagrete.
- Uma xícara de gelatina zero açúcar.

Dia 11

Café da manhã

- Miniomelete rápido. Pulverize um prato ou uma xícara que possa ir ao micro-ondas com óleo, usando um spray

A DIETA DO CORAÇÃO

de cozinha. Adicione 1 ovo inteiro e 1 clara batidos, sal e pimenta-do-reino.

- Leve ao micro-ondas, em potência alta, por 1 minuto. Mexa e deixe cozinhar por mais 15 segundos.
- 120–180ml de suco diet de oxicoco.

Lanche da manhã

- Manteiga de amendoim.
- Palitos de cenoura ou aipo.

Almoço

- Rolinho de queijo suíço e carne assada. Dica: use uma folha de alface como base do rolinho.
- Cenouras baby.
- Salada de repolho com molho italiano.
- Uma xícara de gelatina zero açúcar sabor morango.

Lanche do meio da tarde

- 1 ou 2 tabletes de queijinho pasteurizado.
- Tomates-cereja.

Lanche antes do jantar (opcional)

- 10 amendoins ainda na casca (o que corresponde a 20 amendoins no total).

Jantar

- Wraps asiáticos de frango e alface.*
- Vagem *sauté* e salada de brócolis. Aqueça uma colher de óleo de canola ou óleo de amendoim em uma frigideira média, em fogo de médio a alto. Adicione um pacote ou aproximadamente 240g de vagens frescas e 1 xícara

de salada de brócolis. Refogue até amolecer os vegetais, conforme sua preferência.

- Uma xícara de gelatina zero açúcar sabor laranja.

Dia 12

Café da manhã

- Ovos mexidos.
- 30g de carne assada fatiada.
- 120–180ml de suco de tomate com baixo teor de sódio.

Lanche da manhã

- 120ml de iogurte light de morango, adoçado artificial-mente.
- 10 castanhas-de-caju.

Almoço

- 2 ou 3 rolinhos de presunto com queijo suíço.
- Salada de vegetais folhosos com molho italiano. Dica: se estiver se sentindo inspirado, recheie seus rolinhos de presunto com queijo suíço com a salada.
- Pepino fatiado.
- Uma xícara de gelatina zero açúcar sabor limão.

Lanche do meio da tarde

- 1 ou 2 fatias de queijo de minas frescal light.
- Palitos de aipo.

Lanche antes do jantar (opcional)

- Tiras de pimentão.
- ¼ de xícara de guacamole.

Jantar

- Salada com filé grelhado.*
- Aspargos frescos grelhados.
- 1 xícara de gelatina zero açúcar sabor cereja.

Dia 13

Café da manhã

- Miniomelete rápido. Pulverize um prato ou xícara que possa ir ao micro-ondas com óleo, usando um spray de cozinha. Adicione 1 clara de ovo batida, 2 colheres de sopa de espinafre cozido picado, meio tomate picado e 1 colher de sopa de queijo muçarela light, sal e pimenta-do-reino, e coloque no micro-ondas, na temperatura alta, por 1 minuto. Bata e coloque no micro-ondas novamente por mais 15 segundos.
- Suco diet de oxicoco.

Lanche da manhã

- 1 ou 2 tabletes de queijinho pasteurizado.
- Cenouras baby.

Almoço

- 1 cheeseburger grande. Dica: você pode até almoçar em um fast-food, desde que dispense o pão.
- Salada. Dica: corte seu hambúrguer em pedacinhos e misture-o à salada.
- Uma xícara de gelatina zero açúcar sabor limão.

Lanche do meio da tarde

- Iogurte light de mirtilo, sem gordura, adoçado artificialmente.
- 20 nozes.

Lanche antes do jantar (opcional)

- 1 ou 2 fatias de queijo de minas padrão light.
- 10 castanhas-de-caju.

Jantar

- Sanduíche de carne picada e condimentada, mas dispense o pão.
- Vagens.
- Tomate fatiado.
- Salada de repolho ou algum outro tipo de salada.
- Uma xícara de gelatina zero açúcar sabor cereja.

Dia 14

Café da manhã

- 1 ou 2 ovos cozidos.
- Lombo canadense.
- 120–180ml de suco de tomate com baixo teor de sódio.

Lanche da manhã

- 120ml de iogurte light.
- 10 nozes.

Almoço

- Peito de frango grelhado.
- Tomate fatiado.

A Dieta do Coração

- Cenouras baby.
- Salada com molho.
- Uma xícara de gelatina zero açúcar sabor framboesa.

Lanche do meio da tarde

- 1 ou 2 fatias de queijo de minas light.
- Tomates-cereja.

Lanche antes do jantar (opcional)

- 10 amendoins ainda na casca (o que corresponde a 20 amendoins no total).

Jantar

- Salada de frango grelhado.* Para preparar em casa: faça uma salada com alface-crespa, tomate, fatias de pimentão, cebolinha em fatias, fatias de abacate ou guacamole, e coloque sobre ela os pedaços de frango grelhados cobertos por uma pequena porção de queijo prato light e molho *ranch*. Você também pode acrescentar feijão-preto sem caldo.
- Uma xícara de gelatina zero açúcar sabor laranja.

CAPÍTULO 5

Fase Dois: elevando o processo

Você passou pelos primeiros 14 dias — parabéns! É provável que esteja cansado de ovos e realmente sentindo falta de frutas. E também está impressionado com o progresso de sua perda de peso. Consegue ver que seu abdômen está muito mais reto e que suas roupas estão muito mais largas na região da cintura. Agora é a hora de entrar na Fase Dois, que inclui todos os alimentos fundamentais da Dieta D.A.S.H. Essa fase ainda apresenta muito menos alimentos ricos em amido do que você provavelmente estava acostumado e será construída a partir do que você aprendeu nos 14 dias iniciais. Você voltará a consumir mais laticínios (ou seus substitutos) e frutas e grãos integrais para ter uma dieta completa e balanceada. E parecerá bem fácil, uma vez que você já tornou as bases da dieta um hábito.

Fase Dois: Dieta D.A.S.H.

Para introduzi-lo à nossa solução completa em perda de peso, mais uma vez, mostraremos a você nosso plano bastante sim-

A Dieta do Coração

ples e, ainda assim, completamente possível. Abaixo, há uma visão geral dos alimentos que você incorporará na sua dieta durante essa próxima fase.

Um resumo rápido

Alimentos diários

- 2 a 3 porções de alimentos ricos em proteína magra (carnes magras, peixes, aves, feijões, lentilhas, ovos, alimentos à base de soja).
- 3 a 4 porções de laticínios magros ou desnatados (queijos, leite, iogurte).
- 4 ou mais porções de vegetais sem amido, milho ou ervilhas.
- 2 a 4 porções de frutas diariamente (não mais do que 120 a 180ml de suco).
- 1 a 2 porções de oleaginosas ou sementes.
- 1 a 2 porções de grãos integrais, caso deseje.

Lembre-se de comer um pouco de proteína a cada refeição ou lanche.

Alimentos ocasionais

- 3 a 4 porções de alimentos ricos em açúcar ou amido por semana, no máximo. O que pode ser duas fatias de pizza a cada quinzena (encha o prato de salada para não exagerar), uma porção menor de sobremesa em um restaurante, uma vez por semana; pão em algum restaurante, se ele realmente for muito bom. O ponto aqui é guardar seus carboidratos para uma refeição realmente excepcional, em vez de desperdiçá-los em alimentos medíocres. Não sou uma defensora de pães e massas pobres em carboidratos. Guarde as calorias desse grupo alimentar para comidas especiais e não desenvolva o hábito de reintroduzir em sua dieta massas ou pães desnecessários. É muito fácil voltar ao hábito de comer carboidratos em demasia. Decisões assertivas sobre o que comer são muito mais fáceis.

Inclua porções moderadas destes alimentos

Alimentos que são ricos em proteína e pobres em gordura saturada

- Carnes magras, peixes e aves.
- Feijões, lentilhas e alimentos à base de soja.
- Queijos magros ou sem gordura.
- Claras de ovos ou ovos inteiros.
- Leite desnatado e iogurte (com pouco ou nenhum açúcar adicionado). O iogurte deve ter menos de 120 calorias por porção de 240ml ou menos de 100 calorias para uma porção de 120ml.

Gorduras saudáveis para o coração

- Abacates, azeitonas.
- Óleos vegetais, em especial o azeite de oliva, óleo de canola e óleos de oleaginosas (óleos de coco e azeite de dendê estão excluídos da dieta, já que são ricos em gordura saturada).
- Molhos para salada, em especial aqueles à base dos óleos recomendados acima. Um pouco de maionese por dia também é aceitável.

Alimentos que são ricos em proteínas e contêm gordura saudável para o coração

- Oleaginosas e sementes.
- Peixes gordurosos.

A Dieta do Coração

Coma o quanto desejar destes alimentos

- Gelatina zero açúcar.
- Vegetais sem amido (estão excluídos batatas, abóbora, milho etc.). Sinta-se livre para incluir cenouras e tomates, que, frequentemente e de modo desnecessário, são evitados em dietas pobres em carboidratos. O milho pode ser comido durante a Fase Dois, mas não de modo irrestrito.

Alimentos de consumo limitado

- Alimentos ricos em amido (com exceção de feijões) e doces. O que quer dizer: um consumo bem limitado de pão, massa, batatas etc. Evite frituras e empanados, bem como biscoitos de arroz, *pretzels* e comidas semelhantes.
- Sem exagero, ketchup e molho barbecue são aceitáveis.
- Alimentos feitos com gorduras saturadas, hidrogenadas ou trans — o que inclui a maioria dos bolos, biscoitos e salgadinhos.
- O consumo de álcool só é permitido com moderação — sua ingestão moderada está associada à diminuição do risco de doenças cardíacas; contudo, o álcool é fonte de calorias vazias. Substitua uma fruta por uma taça de vinho.
- Bebidas com cafeína consumidas com as refeições ou lanches.
- Evite alimentos ricos em gordura saturada ou que não sejam saborosos. Não dispare sua fome por carboidratos, ingerindo uma montanha de biscoitos ou bolos light.

Orientações

- Não pule refeições ou os lanches da tarde. Isso vai manter o nível de açúcar em seu sangue estável e o ajudará a enganar a fome. Relaxe depois do trabalho e coma um lanche antes do jantar para evitar o exagero.

- Recomenda-se trinta minutos ou mais de exercício por dia. Aeróbicos, tais como caminhada, corrida, ciclismo, o que queimará calorias extras e ajudará a baixar a pressão arterial. Exercícios de força aumentam o número de calorias que você queimará durante o dia todo e melhoram a habilidade de seu organismo em remover açúcar de seu sangue. Seu nível de energia também deverá ser maior do que na primeira fase.
- Tome bastantes líquidos, ao menos 8 copos por dia (sim, bebidas à base de cafeína contam, assim como a gelatina).
- Diga a si mesmo que criou um modo saudável de se alimentar que se transformará em um hábito.
- Concentre-se em tornar seu prato colorido. Saladas devem ter mais do que alface. Mais frutas, legumes e verduras tornarão a refeição mais atraente.
- Concentre-se nos resultados de sua perda de peso. Seu sucesso o manterá focado e tornará mais fácil permanecer no caminho.
- Meça a circunferência de sua cintura. Se ela começar a aumentar novamente, volte ao plano restrito para recuperar o foco. Uma circunferência menor está associada a uma melhora na saúde e reflete uma dieta saudável.

Tamanho das porções na Dieta D.A.S.H.

Porções típicas da Dieta D.A.S.H. estão listadas a seguir. Homens grandes precisam consumir porções maiores de alimentos ricos em proteína. Observação: estão incluídas nesta lista porções de uma variedade de alimentos (mesmo daqueles que você deveria limitar estritamente). Não é uma lista de alimentos recomendados, mas apenas uma lista relativamente representativa das porções adequadas.

Grãos, amidos e açúcares

- 1 fatia de pão, ¼ de *bagel*, metade de um muffin* ou de um pão de cachorro-quente ou de hambúrguer.
- ½ xícara de macarrão cozido, cereais (aveia, canjiquinha, trigo), milho ou batata.
- ⅓ de xícara de arroz.
- 30g de cereal matinal (de 80 a 100 calorias).
- 2 xícaras de pipoca.
- 2 biscoitos pequenos.

Frutas

- 120ml de suco, ou uma fruta de pequena para média.
- ¼ de xícara de frutas secas.
- ½ xícara de frutas em conserva.
- 1 xícara de fruta *in natura*.

Vegetais

- ½ xícara de legumes cozidos.
- 1 xícara de vegetais folhosos.
- 180ml de suco de vegetais.

Laticínios

- 240ml de leite ou iogurte.
- 30g de queijo.
- ½ xícara de queijo cottage.

---

* Nota da nutricionista: Como o muffin não é um alimento comum no café da manhã no Brasil, você pode substituí-lo por meio pão francês ou tapioca (feita com 2 colheres de sopa de farinha de tapioca).

Feijões, oleaginosas e sementes

- ¼ de xícara de feijões.
- ¼ de xícara de oleaginosas.
- ¼ de xícara de sementes.

Carnes magras cozidas, peixes, aves e ovos

- 90g corresponde ao tamanho da palma da mão de uma mulher.
- 120g corresponde ao tamanho da palma de uma mulher, mais o dedão.
- 150g corresponde ao tamanho da palma da mão de um homem.
- 1 ovo = 30g; 2 claras de ovos = 30g.

Gorduras e molhos gordurosos

- 1 colher de sopa de molho para salada.
- 1 colher de chá de manteiga, óleo.

Plano alimentar da Fase Dois

Cardápios para a Fase Dois e posteriores estão incluídos no Capítulo 6, mas adicionei algumas sugestões de refeições, logo abaixo, apara ajudá-lo no planejamento de seu novo estilo de vida. Você pode misturar ou combinar refeições e lanches. Entretanto, evite exagerar nos grãos (no máximo, 3 porções por dia) e certifique-se de consumir, pelo menos, 3 porções de frutas, 5 de vegetais e de 2 a 3 porções de laticínios por dia.

Cafés da manhã

Ricos em proteína.

- Ovos (pode-se acrescentar um pouco de queijo em 1 ou 2 dias).

A DIETA DO CORAÇÃO

- 1 a 2 fatias de lombo canadense ou presunto (ambos considerados carnes magras) ou alternativas à base de soja.
- 120ml de suco, caso deseje.
- Leite ou iogurte.
- Se você não gosta de ovos, os enroladinhos do cardápio do almoço dão ótimos cafés da manhã.

Cafés da manhã com cereal

- Cereal de grão integral (menos do que 5g de açúcar por porção). Uma porção equivale a 30g (½ xícara de aveia cozida) e deve ter menos de 100 calorias. Fique atento aos tamanhos de suas porções de cereal.
- Leite, iogurte ou chocolate quente feito com leite desnatado, cacau em pó e adoçante.
- 120ml de suco.
- Frutas para adoçar o cereal.

Lanches do meio da manhã

Coma 1 ou 2 dos lanches a seguir (incluindo alguma proteína):

- Queijos pobres em gordura, tais como queijinhos pasteurizados em tabletes, queijo de minas frescal light ou queijo cottage light (120g por porção).
- Vegetais, incluindo aipo, rabanetes, cenouras, pepinos, tiras de pimentões, tomates-uva ou cereja.
- 120ml a 180ml de iogurte sem açúcar ou com adoçante.
- 1 porção de fruta.
- Oleaginosas — ¼ de xícara ou menos, o que dá cerca de 20 unidades (se você for comer oleaginosas e queijo, limite a quantidade a 10 unidades).

Almoços

- Saladas com variedades de vegetais, servidas com uma boa fonte de proteína, molho, sem croutons, às vezes com algum queijo, de preferência light; *ou*
- salada de ovos ou de clara de ovos, de frango e/ou atum; *ou*
- enroladinhos de queijo magro e presunto, peru, ou rosbife de carne magra.

E alguma porção dos seguintes alimentos:

- Vegetais e/ou saladas temperadas com molhos.
- 1 porção de fruta.
- 120ml a 180ml de iogurte (sem açúcar ou com adoçante); ou 240ml de leite.
- 10 a 20 oleaginosas.
- Gelatina zero açúcar.

Lanches do meio da tarde (e para antes do jantar, se desejar)

Os mesmos lanches feitos pela manhã. Escolhas adicionais incluem:
- Tiras de pimentão com ¼ de xícara de guacamole, homus, ou molho para salada.
- 10 amendoins na casca (20 amendoins individuais).

Jantares

- Carnes magras, peixes ou aves.
- Vegetais sem amido (acompanhados de queijo magro, se desejar).
- Salada temperada com molho.
- Leite, se desejar.

A Dieta do Coração

Se você estiver com vontade de comer massas, coloque molho de tomate (com carne ou feijões, já que você quer comer proteína) sobre os vegetais. Cubra com queijo e gratine. Ou substitua sua massa por abóbora-espaguete. Você pode seguir nossas receitas de abóbora-espaguete com molho de carne.*

Faça uma "pizza" usando molho sabor pizza e carne moída, sem massa, adicione vegetais e queijo muçarela magro e asse até que o queijo esteja derretido. Veja nossa receita de pizza sem massa.*

Sobremesas que podem fazer parte do cardápio

- Gelatina zero açúcar.
- 1 porção de fruta.
- Picolés com menos de 100 calorias e sem açúcar. Evite sobremesas com alto índice de gordura e calorias.

Comendo Fora

Cafés da manhã

- Ovos, omeletes, aveia ou outro cereal integral (fique de olho nos tamanhos das porções de grãos e limite o cereal a 1 porção, o que corresponde a ½ xícara de cereais cozidos).
- Um pouco de bacon ou carne magra é aceitável.
- 1 porção de fruta e/ou tomates.
- 120ml de suco.
- 240ml de leite ou de 120ml a 180ml de iogurte sem açúcar.

✓ *Dica*: no lugar de torrada ou batata, consuma frutas e/ou vegetais.

Almoços

- Saladas com uma boa fonte de proteína.
- Hambúrguer ou frango grelhado sem o pão e com vegetais e/ou salada de repolho acompanhando.
- Leite desnatado ou iogurte, se possível.

✓ *Dica*: quase todos restaurantes de comida rápida, supermercados ou lojas de conveniência dispõem de ótimas saladas atualmente.

Jantares

- Carnes magras, peixes ou aves.
- Vegetais (em restaurantes italianos, pergunte se eles podem servir os vegetais no lugar da massa).
- Salada com molho.
- Uma porção pequena de sobremesa, se ela for boa, realmente boa e apenas se você ainda estiver com fome.

Abasteça sua despensa com

- Ovos, para preparar de diversas formas, inclusive como omeletes, com ou sem vegetais.
- Queijos light embalados individualmente, tais como queijinhos pasteurizados em tabletes, queijo de minas frescal light ou queijo cottage magro (uma porção de 120g).
- Gelatina zero açúcar.
- Leite desnatado.
- Iogurte desnatado com pouco ou nenhum açúcar, que contenha menos de 120 calorias por 240ml ou 100 calorias por 180ml. Você também pode encontrar embalagens com 6 unidades de 120ml cada (menos de 60 calorias).

A Dieta do Coração

- Carnes magras, peixes e aves ou feijões e alimentos à base soja, para refeições vegetarianas. Em relação às carnes, 90% ou 95% do total pode ser carne bovina moída, carne branca de peru moída (sem gordura ou pele), carne bovina ou lombinho, costeletas e lombo suínos, cortes de coxão duro, coxão mole, lagarto e acém.
- Fatias de queijo light e embutidos.
- Vegetais pré-embalados, como alface, cenouras, brócolis e salada de repolho.
- Frutas ou vegetais congelados, se você gostar.
- Frutas frescas.
- Azeite de oliva e/ou óleo de canola. Molhos prontos para salada contendo esses óleos, se possível.
- Saladas de ovo, atum ou frango.
- Uma seleção de vegetais frescos para serem fatiados, tais como pimentões, pepinos, rabanetes, aipo e mais itens para saladas e lanches.
- Oleaginosas com casca — escolha as que não são viciantes para você, e descascá-las o ajudará a não se exceder.
- Guacamole e/ou homus.

Evite alimentos ricos em gordura saturada.

Planeje, planeje, planeje

- Leve seus almoços e lanches para o trabalho, caso não encontre os alimentos certos na lanchonete ou nos restaurantes que você frequenta. Ou faça um estoque no refrigerador do escritório, ou em uma sacola térmica com todos os alimentos certos.
- Certifique-se de manter todos os alimentos certos à mão.
- Não pule refeições ou lanches da tarde.

- Planeje o que você comerá em cada refeição e lanche, diariamente.
- Planeje o que comerá antes de chegar ao restaurante.
- Não encha sua dieta de alimentos sintéticos, pobres em carboidratos, concentre-se em alimentos saudáveis de verdade.
- Lembre-se do seu objetivo, então, planeje-se para o sucesso.

Visão geral dos padrões da Fase Dois

A tabela a seguir o ajudará a entender o padrão alimentar da Fase Dois da Dieta D.A.S.H.

Porções diárias de cada grupo alimentar da Fase Dois			
	Pouco apetite	Apetite moderado	Bastante apetite
Vegetais sem amido	Porções ilimitadas		
Laticínios	2–3	2–3	3–4
Oleaginosas, feijões, sementes	1–2	1–3	2–4
Carnes magras, peixes, aves, ovos	150g–180g	180g–240g	240g–330g
Gorduras	1–2	2–3	3–4
Grãos integrais	2–3	2–3	2–4
Frutas	2–3	2–4	3–5
Grãos refinados, doces	Raramente, 2 a 3 vezes por semana		

Você criou uma base para uma alimentação saudável para a vida toda. Aprendeu a encher seu prato com uma variedade de vegetais coloridos; está escolhendo carnes magras, peixes e aves e outros alimentos ricos em proteínas e com baixo teor de gordura; e tem adicionado laticínios também pobres em gorduras à sua dieta. Frutas, iogurte, legumes e oleaginosas são ótimos lanches. O que é um grande começo para um projeto que melhorará sua saúde, irá ajudá-lo a alcançar e manter sua meta de peso e será fácil de seguir!

Descobrindo os desafios

Como enfrentei os desafios da Fase Um: _____

_____

Desafios esperados durante o processo completo
da Dieta D.A.S.H.: _____

_____

_____

Como irei superá-los? _____

_____

CAPÍTULO 6

Seu prato transborda! Diversos cardápios da Dieta D.A.S.H.

Novos cardápios! E mais escolhas! É hora de trazermos de volta frutas, leite, pão e cereais integrais, além de novas ideias para sobremesa. No entanto, você ainda terá de evitar amido, alimentos processados e comidas que contenham açúcares refinados.

Você terá mais opções para bebidas, incluindo café com leite, leite e chocolate quente. Além das bebidas de consumo diário, não especificamos outras bebidas, então você está livre para consumir o que mais gosta, desde que continue evitando açúcar. Vá devagar com a reintrodução do álcool, uma vez que ele pode fazê-lo vacilar em sua determinação para seguir a dieta.

E, mais uma vez, lembre-se de que você pode misturar ou combinar as refeições e lanches. Faça o possível para evitar consumir mais do que duas ou três porções de grãos integrais por dia e certifique-se de consumir de duas a três porções diárias de laticínios, pelo menos três porções de frutas e cinco porções de vegetais.

A Dieta do Coração

Você pode continuar a consumir quanta gelatina zero açúcar quiser. E outra guloseima deliciosa que introduzimos agora é o picolé sem adição de açúcar e com pouca gordura, que se limite a, no máximo, 100 calorias por unidade.

Dia 1

Café da manhã

- ¾ de xícara de cereal matinal sem açúcar (30g).
- 240ml de leite desnatado.
- 120 a 180ml de morangos ou framboesas.

Lanche da manhã (opcional)

- 1 a 2 tabletes de queijinho pasteurizado.
- Tomates-uva.

Almoço

- 2 a 3 rolinhos de peru fatiado e queijo suíço.
- Cenouras baby.
- 1 ameixa pequena.

Lanche do meio da tarde

- 180ml de iogurte light de mirtilo.
- 10 castanhas-de-caju.

Lanche antes do jantar (opcional)

- 10 amendoins ainda na casca (o que corresponde a 20 amendoins no total).

Jantar

- Tilápia grelhada. Aqueça uma colher de sopa de azeite de oliva em uma frigideira em fogo médio. Coloque ali seu filé de tilápia e deixe fritar por aproximadamente quatro minutos de cada lado, ou até que o peixe ceda ao garfo. Antes de tirar a frigideira do fogo, adicione uma colher de manteiga ou margarina, para que derreta e envolva a carne (para quatro pessoas, cozinhe quatro filés de 120g de tilápia).

- Molho de manga e melão.*
- Aspargos frescos.
- Uma xícara de gelatina zero açúcar sabor morango.

Dia 2

Café da manhã
- Chocolate quente. Para cada 240ml de leite desnatado, 1 colher de chá de achocolatado sem açúcar e dois pacotinhos de adoçante.
- 1 ou 2 ovos cozidos.
- 180ml a 240ml de suco light de maçã. Dica: o suco light tem mais calorias do que a versão diet, mas você pode preferi-lo.
- 120g a 180g de morango.

Lanche da manhã (opcional)
- 180ml de iogurte light de limão, sem gordura, adoçado artificialmente.
- 10 amêndoas.

Almoço
- 1 sanduíche de peru e queijo suíço. Faça seu sanduíche com pão integral. Use de 60g a 120g de peru e uma fatia de queijo suíço, além de alface, tomate fatiado e quaisquer outros vegetais ou temperos que desejar.

- Tiras de pimentão.
- Salada de repolho ou salada simples.
- Uma xícara de gelatina zero açúcar sabor framboesa adoçada artificialmente.

Lanche do meio da tarde

- 1 tangerina.
- 1 a 2 tabletes de queijinho pasteurizado.

Lanche antes do jantar (opcional)

- Tiras de pimentão.
- ¼ de xícara a ½ xícara de homus.

Jantar

- Abóbora-espaguete com molho de carne.*
- Salada com molho italiano, azeite de oliva e vinagre ou molho vinagrete.
- Picolé ou outro tipo de sorvete sem adição de açúcar e com pouca ou nenhuma gordura.

Dia 3

Café da manhã

- ½ xícara de aveia cozida com canela, adoçada artificialmente (com adoçante à base de estevia). Acrescente, se quiser, uma colher de sopa de amêndoas picadas.
- Meia banana média ou grande.
- 120ml a 180ml de suco de tomate com baixo teor de sódio.

- 1 café com leite: 240ml de leite desnatado, 120ml de café expresso.

Lanche da manhã (opcional)

- 1 fatia de queijo de minas frescal light.
- Cenouras baby.

Almoço

- Salada de atum à moda de Acapulco* em meio pão pita integral. Dica: sinta-se livre para adicionar outros vegetais, como alface, por exemplo, além de tomate, repolho--roxo e cenoura ralada.
- Tiras de pimentão.
- Uma xícara de gelatina zero açúcar sabor laranja, adoçada artificialmente.

Lanche do meio da tarde

- 120g a 180g de morangos.
- 10 castanhas–de-caju.

Lanche antes do jantar (opcional)

- 10 amendoins ainda na casca (o que corresponde a 20 amendoins no total).

Jantar

- Picatta de frango ao natural.*
- Vagens.
- Tomate fatiado.
- Salada com molho italiano.
- 120ml a 180ml de iogurte light de framboesa, sem gordura, adoçado artificialmente.

A DIETA DO CORAÇÃO

Dia 4

Café da manhã

- 1 a 3 ovos mexidos.
- 1 fatia de pão de forma integral torrado (light, se quiser).
- 1 colher de sopa de geleia.
- 120ml a 180ml de suco de laranja.
- Café com leite ou 240ml de leite desnatado.

Lanche da manhã (opcional)

- 120g a 180g de mirtilo.
- 10 amêndoas.

Almoço

- 2 a 3 rolinhos de queijo gouda e carne assada. Dica: personalize-os de acordo com seu gosto. Você pode usar alface como base para os rolinhos e recheá-los com cenoura ralada e repolho-roxo.
- Salada italiana de repolho. Dica: esta é uma salada comum de repolho, com tiras finas de pimentão, cenoura ralada e temperada com azeite de oliva e vinagre.
- 1 pêssego pequeno.

Lanche do meio da tarde

- 180ml de iogurte light de morango, sem gordura, adoçado artificialmente.

Lanche antes do jantar (opcional)

- Cenouras baby mergulhadas em duas colheres de sopa de pasta integral de amendoim.

Jantar

- Lasanha de abobrinha.*
- Salada: alface, tomates-uva, repolho-roxo e pedacinhos de queijo gorgonzola ou uma fatia pequena de queijo de cabra com azeite de oliva e vinagre, ou molho vinagrete.
- Picolé ou outro sorvete de baixa caloria e sem adição de açúcar.

Dia 5

Café da manhã

- Chocolate quente. Para cada 240ml de leite desnatado, 1 colher de sopa de achocolatado sem açúcar e dois pacotinhos de adoçante.
- 1 xícara de cereal matinal com uva-passa com 120ml de leite desnatado.
- 120ml a 180ml de suco de tangerina. Dica: você pode substituir esse suco por qualquer outo que lhe agrade mais, desde que seja rico em potássio.

Lanche da manhã (opcional)

- 180ml de iogurte light de mirtilo, sem gordura, adoçado artificialmente.

Almoço

- Sanduíche de pasta integral de amendoim e geleia.

✓ *Dica*: use pão light (que tem cerca de 45 calorias por fatia) e pasta integral de amendoim, ou seja, não processada, sem gorduras trans ou gordura hidrogenada e sem adição de açúcar. Esse tipo de manteiga de amendoim precisa ser guardado

A Dieta do Coração

no refrigerador depois de aberto. Não precisa se preocupar em comprar a versão light, já que ambas têm o mesmo número de calorias, e as gorduras de manteiga de amendoim são benéficas para o coração. Antes de abrir o pote, deixe-o descansar algumas horas de cabeça para baixo, para que o óleo seja mais bem distribuído. Ao abri-lo, misture bem. Quanto mais você misturar a pasta de amendoim, menos difícil será tirá-la do pote quando seu conteúdo estiver no fim. Mas lembre-se de que se a pasta de amendoim endurecer no fundo do pote, basta colocá-la no micro-ondas por 10 segundos aproximadamente, e ela amolecerá.

- Cenouras baby.
- Salada com molho (opcional).
- 1 maçã média.

Lanche do meio da tarde
- Tomates-uva.
- 1 ou 2 fatias de queijo de minas frescal light.

Lanche antes do jantar (opcional)
- Palitos de vegetais crus.
- ¼ de xícara de guacamole.

Jantar
- Frango Souvlaki.*
- ⅓ de xícara de arroz integral.
- Salada grega: pique algumas folhas de acelga e junte pepino e tomate picados, fatias finas de cebola roxa, pedacinhos de queijo feta (se desejar) e azeite de oliva e vinagre, ou molho italiano.
- Uma xícara de gelatina zero açúcar sabor framboesa, adoçada artificialmente.

Dia 6

Café da manhã

- 240ml a 360ml de café com leite.
- Omelete de vegetais (use de 1 a 3 ovos).
- 2 ou 3 fatias de bacon.
- 120ml a 180ml de suco de tomate, com baixo teor de sódio.

Lanche da manhã (opcional)

- 120g a 180g de morangos.
- 10 castanhas-de-caju.

Almoço

- Cheeseburger, com pão de hambúrguer integral, se estiver disponível. Se não estiver, coma sem pão.
- Brócolis.
- Salada de vegetais folhosos.
- 1 pera pequena ou média.

Lanche do meio da tarde

- 2 ovos recheados.
- 1 ameixa pequena ou média.

Lanche antes do jantar (opcional)

- 10 amendoins ainda na casca (o que corresponde a 20 amendoins no total).

Jantar

- Frango grelhado e salada de frutas vermelhas.*
- Picolé ou outro tipo de sorvete sem adição de açúcar e com pouca ou nenhuma gordura.

A Dieta do Coração

✓ *Dica:* está achando o jantar meio sem graça? Ora, pense melhor, essa é uma refeição cheia de sabores, completa e plenamente satisfatória.

Dia 7

Café da manhã

- ¾ de xícara de cereal matinal rico em fibras. Dica: se resolver substituir por cereal comum, você vai consumir a mesma quantidade de calorias em ¼ de xícara.
- Meia banana.
- 240ml de leite desnatado.
- 120ml a 180ml de suco de laranja.

Lanche da manhã (opcional)

- 1 a 2 tabletes de queijinho pasteurizado.
- Cenouras baby.

Almoço

- 1 a 2 cachorros-quentes com salsicha vegetariana em pão integral light ou em tortilha integral, com os condimentos de sua escolha.
- Pepinos fatiados.
- Tomates fatiados.
- Salada de repolho italiana.
- 1 xícara de gelatina zero açúcar sabor limão.

Lanche do meio da tarde

- 180ml de iogurte light sabor limão, sem gordura, adoçado artificialmente.
- 10 amêndoas.

Lanche antes do jantar (opcional)

- Palitos de vegetais crus.
- ¼ de xícara a ½ xícara de homus.

Jantar

- Frango assado com legumes superfácil e delicioso.*
- Salada com molho italiano, ou azeite de oliva e vinagre, ou molho vinagrete.
- 120g a 180g de framboesas em ½ xícara de *frozen yogurt*, sem gordura, adoçado artificialmente.

✓ *Dica:* os vegetais de seu jantar podem ser os mesmos usados na receita do frango. Essa é uma excelente refeição.

Dia 8

Café da manhã

- 3 torradas integrais (30g) cobertas com geleia de damasco
- 1 a 2 ovos cozidos.
- Chocolate quente. Para cada 240ml de leite desnatado, 1 colher de sopa de achocolatado sem açúcar e dois pacotinhos de adoçante.

Lanche da manhã (opcional)

- 120ml a 180ml de iogurte light sabor laranja, sem gordura, adoçado artificialmente.
- 10 nozes.

Almoço

- Salada de frango com gergelim.*

✓ *Dica*: esta é definitivamente uma refeição de grande porte, mas é uma ótima salada para comer por vários dias.

- 1 ou 1 ½ xícara de cerejas.

Lanche do meio da tarde

- Cenouras baby.
- 2 colheres de sopa de sopa de pasta integral de amendoim.

Lanche antes do jantar (opcional)

- 1 fatia de queijo de minas padrão light.
- 30g de biscoitos salgados integrais.

Jantar

- A fritada que vale por uma refeição.*
- Salada.
- Picolé ou outro tipo de sorvete sem adição de açúcar e com pouca ou nenhuma gordura.

Dia 9

Café da manhã

- ½ xícara de aveia cozida, com canela e adoçada artificialmente (com adoçante).
- 240ml a 360ml de café com leite.
- Meia banana.
- 120ml a 180ml de suco light de maçã.

Lanche da manhã
- 180ml de iogurte light de morango e banana, sem gordura, adoçado artificialmente.
- Cenouras baby.

Almoço
- Salada de atum em meio pão pita integral. Dica: sinta-se livre para adicionar outros vegetais, como alface, tomate e repolho, por exemplo.
- Pepino fatiado.
- Salada com molho.
- 1 ameixa pequena ou média.

Lanche do meio da tarde
- 1 ou 2 fatias de queijo de minas frescal light.
- Tomates-uva.

Lanche antes do jantar (opcional)
- 10 amendoins ainda na casca (o que corresponde a 20 amendoins no total).

Jantar
- O melhor bolo de carne do mundo.*
- Purê cremoso de couve-flor.*
- ½ xícara de milho.
- 1 colher de sopa de ketchup ou molho de churrasco, se desejar.

✓ *Dica*: o bolo de carne dura vários dias, o que faz dele uma ótima opção, especialmente nos fins de semana.

Dia 10

Café da manhã

- 1 ou 2 ovos cozidos.
- 180g a 210g de morangos.
- 240ml a 360ml de café com leite ou chocolate quente.
- 120ml a 180ml de suco de laranja.

Lanche da manhã (opcional)

- 1 a 2 tabletes de queijinho pasteurizado.
- Tomates-uva.

Almoço

- Sanduíche de presunto e queijo suíço no pão integral, com alface e outros vegetais de sua escolha.
- Tomates fatiados.
- Salada de repolho italiana.
- 2 fatias de abacaxi fresco.

Lanche do meio da tarde

- 180ml de iogurte light sabor banana, sem gordura, adoçado artificialmente.
- 10 amêndoas.

Lanche antes do jantar (opcional)

- Palitos de vegetais crus.
- ¼ de xícara de guacamole.

Jantar

- Molho de manga e frutas vermelhas com lombo de porco grelhado.*

- Assado de couve-de-bruxelas ao molho balsâmico.*
- Picolé ou outro sorvete de baixa caloria e sem adição de açúcar.

Dia 11

Café da manhã

- 1 biscoito de trigo integral.
- 240ml de leite desnatado.
- 120g a 180g de morangos.
- 120ml a 180ml de suco de laranja.

Lanche da manhã (opcional)

- 180ml de iogurte light sabor limão, sem gordura, adoçado artificialmente.
- Cenouras baby.

Almoço

- Salada de frango cozido com uvas e nozes.*

Lanche do meio da tarde

- 1 pêssego pequeno ou médio.
- 10 castanhas-de-caju.

Lanche antes do jantar (opcional)

- 1 ou 2 fatias de queijo de minas padrão light.

Jantar

- Salmão do Alasca com crosta de nozes e *coulis* de framboesas.*

A Dieta do Coração

- Cenouras glaceadas.
- Salada com molho.
- 120g a 180g de framboesas em ½ a 1 xícara de *frozen yogurt*, sem gordura, adoçado artificialmente.

Dia 12

Café da manhã

- Miniomelete rápido. Pulverize um prato ou xícara que possa ir ao micro-ondas com óleo, usando um spray de cozinha. Adicione 1 clara de ovo batida com 1 colher de sopa de cebola-roxa picada e 1 colher de sopa de pimentão verde picado, sal e pimenta-do-reino e coloque no micro-ondas na temperatura alta por 1 minuto. Bata e coloque no micro-ondas novamente por mais 15 segundos.
- 1 fatia de torrada de pão integral com geleia.
- 1 fatia de melão cantalupo.
- 120ml a 180ml de suco de laranja.

Lanche da manhã (opcional)

- 1 a 2 tabletes de queijinho pasteurizado.
- Tomates-uva.

Almoço

- Salada de atum em meio pão pita integral. Dica: sinta-se livre para adicionar outros vegetais, como alface, por exemplo, além de tomate, repolho e outros.
- Rabanete fatiado.
- 120ml de sopa de tomate com baixo teor de sódio.
- 1 maçã pequena.

Lanche do meio da tarde

- 120ml a 180ml de iogurte light de morango e banana, sem gordura, adoçado artificialmente.
- 10 castanhas-de-caju.

Lanche antes do jantar (opcional)

- Palitos de vegetais crus.
- ¼ de xícara a ½ xícara de homus.

Jantar

- Frango grelhado com molho de abacate e papaia.*
- 1 xícara de ervilhas.
- Salada com molho.
- 120g a 240g de morangos em ½ a 1 xícara de *frozen yogurt*, sem gordura, adoçado artificialmente.

Dia 13

Café da manhã

- 1 xícara de cereal matinal.
- Meia banana média fatiada.
- 240ml de leite desnatado.
- 120ml a 180ml de suco de laranja.

Lanche da manhã (opcional)

- 180ml de iogurte light de morango, sem gordura, adoçado artificialmente.
- 10 nozes.

Almoço

- 1 ou 2 rolinhos de peru com molho de mirtilo.*
- Salada com molho.
- 1 tangerina.

Lanche do meio da tarde

- 1 ou 2 fatias de queijo de minas frescal light.
- Cenouras baby.

Lanche antes do jantar (opcional)

- 10 amendoins ainda na casca (o que corresponde a 20 amendoins no total).

Jantar

- Halibute (linguado). Em uma assadeira untada com óleo em spray, coloque os filés de peixe. Polvilhe com ervas à sua escolha (*lemmon pepper* ou um mix de temperos) e cubra com uma fatia de limão. Regue com azeite de oliva (ou spray culinário). Asse em forno preaquecido a 230°C por 14 minutos ou até que o peixe não esteja mais transparente e ceda ao garfo.
- Assado de brócolis, couve-flor e cenouras.*
- Salada de alface-romana e laranja sanguínea.*
- Picolé ou outro tipo de sorvete sem adição de açúcar e com pouca ou nenhuma gordura.

Dia 14

Café da manhã

- 1 ou 2 ovos cozidos.

- Meio *muffin* (ou pão francês) integral, com manteiga ou margarina.
- 240ml a 360ml de café com leite.
- 120g a 180g de morangos.
- 120ml a 180ml de suco de tomate, com baixo teor de sódio.

Lanche da manhã (opcional)

- 1 ou 2 fatias de queijo de minas frescal light.
- Tomates-uva.

Almoço

- Sanduíche de frango grelhado no pão light integral.
- Tomate fatiado.
- Pepino fatiado.
- Salada italiana.
- 1 ameixa pequena.

Lanche do meio da tarde

- 180ml de iogurte light de framboesa, sem gordura, adoçado artificialmente.
- 10 nozes.

Lanche antes do jantar (opcional)

- Tiras de pimentão.
- Molho de feijão-preto.

Jantar

- Bolo de carne mexicano.*
- Purê de batata-doce com bordo e laranja.*
- Vagens com pimentões.*
- 120g a 180g de frutas vermelhas variadas.

CAPÍTULO 7

Mexa-se para perder peso com a Dieta D.A.S.H.

O segundo componente mais óbvio de qualquer plano de perda de peso é o exercício físico. Muitos de vocês podem estar gemendo e dizendo que odeiam se exercitar, mas um pouco de atividade física pode ser uma boa aliada para ajudá-los a se sentirem mais jovens e atraentes. Não estou falando de passar horas na esteira todos os dias da semana ou treinando para uma maratona. Você, individualmente, pode ser mais ativo, queimar mais calorias e ficar em forma, com algumas pequenas mudanças em seu estilo de vida — e fazendo coisas das quais goste.

Pense nisto: além de melhorar a saúde, o exercício físico contribui para que você se sinta mais jovem. É uma das maneiras de realmente fazer o relógio voltar no tempo. Quando começar a se exercitar, no primeiro mês, seu nível de energia será muito maior.

Você terá dado mais um salto no seu processo. Há tempos, o exercício físico é associado a taxas menores de depressão e pode aliviar o estresse. E, agora, um estudo mostra que o exercício físico está associado ao aumento do volume cerebral e torna mais lento o processo, relacionado à idade, de deterioração das habilidades cognitivas.

Por que será que demoramos a encontrar motivação para começar a nos exercitar? Talvez você possa mudar essa palavra começada com "e" por uma começada com "a" e procurar meios de aumentar o seu nível de *atividade*. A maioria de nós é muito sedentária no trabalho, presa atrás de uma tela de computador o dia todo. Então, dirigimos para casa, compramos um pouco de comida no caminho e comemos em frente à tela da TV. Se você pensar sobre como ser mais fisicamente ativo, poderá, assim, aumentar a sua queima calórica de forma muito mais fácil, várias vezes, durante o dia todo. E se você estacionar o carro um pouco mais longe do seu escritório? Em seguida, caminhe nas redondezas de seu trabalho algumas vezes antes de ir para sua mesa. Se há escadas, utilize-as. Em vez de enviar um e-mail para o seu colega, levante-se e fale com ele cara a cara. Caminhe por cinco minutos antes e depois do almoço. Tire uma pausa à tarde para caminhar, antes de comer seu lanche. No fim do dia, vá ao supermercado para comprar os alimentos necessários para preparar o jantar. Você será mais ativo, apenas por ficar em pé enquanto prepara sua comida. Após o jantar, levante-se e ande pela casa ou em uma esteira por alguns minutos. Ou, melhor ainda, saia para uma caminhada ao ar livre.

Isso tudo é tão fácil. É tão simples adicionar pequenos instantes de atividade em seu dia. É especialmente importante encontrar coisas que sejam divertidas para você. Se você é muito sociável, então exercitar-se ou andar com um amigo será uma atividade mais provável de você continuar a fazer. Esportes em equipe e competitivos são atraentes para muitas pessoas. Se a sua agenda está muito cheia, opte por uma atividade que possa fazer dentro de casa, para minimizar o tempo perdido no trânsito e no deslocamento. Se você realmen-

A DIETA DO CORAÇÃO

te odiar se exercitar, ter um *personal trainer* com encontros marcados pode ser o necessário para permanecer na linha. Se você já é fisicamente ativo, tentar alguma atividade pode ser o caminho para impulsionar o seu metabolismo.

Quando você pensa sobre os tipos de atividades que deve fazer, considere os exercícios cardiovasculares e aeróbicos como a primeira linha de defesa contra o aumento de peso, doenças coronárias, diabetes, hipertensão e todas as outras coisas ruins. Você precisa fazer algum tipo de atividade aeróbica na maioria dos dias da semana. Depois, faça algum tipo de exercício de força. Você colherá muitos benefícios desse tipo de atividade. Tonificar e firmar seus músculos fará com que seu corpo se sinta e pareça muito mais jovem. Uma ou duas vezes por semana devem ser suficientes. Você também pode se beneficiar de atividades de equilíbrio e flexibilidade, como o yoga ou o tai chi, que você pode fazer várias vezes por semana, ou mesmo diariamente.

Seu objetivo deverá ser fazer alguma coisa na maioria dos dias. Se você tentar se exercitar todos os dias, o mais provável é conseguir fazer sua atividade em apenas três dias, e, talvez, logo estará se exercitando apenas um dia por semana. Uma vez que já tenha começado a se exercitar de forma regular, pense sobre o quanto de tempo pode devotar a essa atividade. Quando se está tentando perder peso, a maioria das pessoas precisa de 60 minutos por dia de exercícios físicos para esse fim. Quando você estiver alcançado a fase de manutenção, 30 minutos diários devem ser suficientes. A menos que você queria mais (Eba!).

Caminhar, fazer *cooper* ou correr são atividades que requerem bem pouco equipamento e são de baixo custo. Você pode até caminhar diante de sua TV, se fora de casa não for seguro ou o tempo não estiver bom. Para ser saudável, é recomendado que a maioria das pessoas dê dez mil passos por dia. Sabendo disso, ao medir o quanto anda em um dia, você pode ficar chocado por quanto seu número é baixo. Mas todo mundo começa de algum lugar, e você pode, lentamente, aumentar suas marcas para se aproximar do objetivo de 10 mil passos. Caminhar ao redor do escritório, na vizinhança ou mesmo dentro de casa é um meio fácil de começar. Lembre-se de que ficar sentado o dia todo realmente torna seu metabolismo mais lento, tornando ainda mais desafiador conseguir algum benefício vindo de pouco exercício. Então comece a tornar o seu dia inteiro mais ativo, para, assim, ter uma recompensa maior.

Para exercícios de força, você pode ir a uma academia ou usar pesos menores ou faixas elásticas em casa. Eu os tenho usado com frequência. Pilates também pode ajudar a aumentar a força muscular e pode ser feito por meio de vídeos em casa ou em aulas no parque ou na academia de ginástica.

Se você tem problemas de mobilidade, tente se exercitar sentado em uma cadeira. Coloque alguma música, mexa-se e dance em seu assento. Artigos recentes relatam sobre uma mulher com problemas nos joelhos que frequentou aulas de zumba e fez todos os movimentos sentada. Ela perdeu 35 quilos em um ano. Chegou uma hora em que suas articulações não doíam tanto, e ela foi capaz de fazer mais atividades, o que impulsionou ainda mais sua perda de peso. Mas você não precisa ir a uma aula. Você pode assistir a um vídeo ou fazer zumba pelo videogame. Exercícios dentro d'água também são excelentes para pessoas com problemas de mobilidade. Muitos hospitais dispõem de centros de cuidados com "piscinas para artrite", que são mais quentes e facilitam na hora de fazer os movimentos.

E saiba: os videogames realmente podem ajudá-lo a se tornar mais ativo dentro de casa, e essa é sempre uma atividade que pode ser encaixada em sua agenda. Claro, vídeos, ou áudios sobre corrida também podem ser excelentes aliados para adicionar mais concentração à sua rotina de exercícios. Se você ama música, faça sua própria lista de favoritas ou ouça sua estação de rádio preferida enquanto caminha, corre e se mexe. Dançar parece ser mais divertido e pode mesmo ajudá-lo a ser fisicamente mais ativo, seja na privacidade de sua casa, em uma aula ou em uma danceteria.

Você já tem equipamento para se exercitar em casa? Esteiras, elípticos ou bicicletas ergométricas são ótimos para a atividade aeróbica. Torne a experiência menos tediosa, ouvindo sua música preferida, vendo TV ou assistindo a um filme, ouvindo um programa de rádio ou um livro em áudio. Exercícios que possam ser feitos em casa são mais propensos a ser seguidos.

Muitas pessoas se engajam em atividades físicas com os amigos. Pensam nela como um jogo. Jogam golfe, futebol, vôlei, tênis ou vão ao boliche. Chame seu melhor amigo para se juntar a você em aulas na academia de ginástica ou para sair para uma caminhada, andar de patins, fazer montanhismo ou treinar para uma corrida de 5km. Se você tem um companheiro que o apoia, saiam para dançar ou para aulas de dança. Se você fizer alguma coisa que seja divertida ou pareça um jogo, tenderá a continuar com essa atividade.

Precisa de mais graxa nos patins? Consiga os sapatos adequados para o exercício, roupas e o equipamento necessário. Tente remover qualquer obstáculo para a atividade física. Se você não tem o equipamento certo, então compre-o (mas fique dentro do seu orçamento). Então, deixe as roupas e o equipamento preparados na noite anterior. Você conhece os obstáculos que surgirão no caminho para se exercitar mais. Apenas você pode definir o caminho para o sucesso.

O seu tempo de exercício também é importante. Não, você não aumenta a queima de gordura escolhendo a hora certa do dia. Mas você está menos propenso a deixar de lado o exercício se o programar para ser feito pela manhã, e não no fim da tarde, quando suas atividades diárias podem atrapalhar. Se você tem de dirigir quase todas as tardes, esse não é o horário ideal para fazer atividade física de forma regular. Ou se você tem, com frequência, tarefas a cumprir depois do trabalho, ou precisa trabalhar até tarde, será tentado a deixar o exercício de lado "apenas desta vez". O outro lado desse conselho seria agendar seu tempo de exercício em casa para coincidir com alguma coisa que você faça todas as noites. Se você sempre assiste à TV às vinte horas, vá para sua esteira ou caminhe enquanto isso. Ser realista em relação à sua agenda tornará sua rotina de atividades físicas mais propensa a se estabelecer.

E para ter o reforço positivo para o desenvolvimento de seu hábito de se exercitar, utilize o nosso formulário de acompanhamento para manter um registro de suas atividades. Se você vir o quanto está fazendo, começará a pensar em si mesmo de um jeito um pouco diferente. Você é a única pessoa que está colhendo bons frutos ao planejar e alcançar seus objetivos.

Então, decida que *irá* se exercitar.

1. Planeje quais tipos de exercícios, atividades e jogos você fará.
2. Decida a hora que melhor lhe convir em sua agenda.
3. Se precisa de companhia, identifique as pessoas e se certifique de que todos têm o mesmo compromisso.
4. Tenha o equipamento, compre o jogo de videogame, ou monte uma lista de músicas.
5. Planeje-se para ter uma rotina mais ativa durante seu dia.

A Dieta do Coração

Minhas ações para tornar meus dias mais ativos

Comprar tênis para ginástica: _____

Comprar equipamento:_____

Definir horários e dias:_____

Identificar os obstáculos que possam me impedir de praticar as atividades:_____

Planejar como vencê-los:_____

PARTE II

Os segredos dos alimentos da Dieta D.A.S.H.

CAPÍTULO 8

Refeições ricas ou pobres em carboidrato? O que devemos escolher?

No fim dos anos 1980 e durante a década de 1990, dietas com alto teor de grãos eram bastante difundidas. As pessoas realmente embarcaram nessa filosofia; lembra-se dos imensos pratos de massas e cestas sem fundo repletas de pães? E os norte-americanos ficaram mais gordos... Quem conseguiria queimar todas aquelas calorias se não estivesse treinando para maratonas o tempo todo?

Todos esses alimentos ricos em carboidratos realmente causam um estrago na saúde das pessoas. Estamos, atualmente, com uma epidemia de diabetes e resistência à insulina (incapacidade de responder bem à insulina), que pode ter várias consequências ruins para a saúde. E para as pessoas com resistência à insulina, o consumo exagerado de amido oriundo dos grãos acaba, por fim, levando ao desgaste da capacidade do organismo em produzir insulina suficiente para manter a taxa de açúcar no sangue sob controle, o que pode levar à diabetes. Importante: se você está lutando com seu peso, e especialmente se tem muita gordura na região do abdômen, é essencial evitar o consumo excessivo de amido e açúcar.

Independentemente de problemas de peso e saúde, quando você escolhe carboidratos, estes devem ser grandes fontes de fibras, vitaminas, minerais e outros nutrientes importantes encontrados em vegetais, e devem ter poucas calorias. Se fosse somente pela sua preferência, você escolheria aqueles que são quase completamente refinados, cheios de calorias vazias e/ou são ricos em gorduras saturadas e trans.

Frutas, legumes e verduras

Frutas, legumes e verduras entram na cota de carboidratos altamente desejáveis. Eles são alimentos-chave na Dieta D.A.S.H. São ricos em vitaminas, minerais, fibras e antioxidantes. Em se tratando de peso, são quase que totalmente água, então, possuem baixas calorias, mas saciam bastante. Esses alimentos são ricos em componentes de plantas conhecidos como fitoquímicos ("fito" vem de *phyto,* que significa planta). Esses químicos incluem antioxidantes e componentes que produzem cor, cheiros e sabor. A maior parte das consideradas "supercomidas" é composta de frutas, legumes e verduras. Entretanto, é mais importante ter uma dieta saudável do que apenas se concentrar em tentar incluir um pouco das frutas e dos legumes mais saudáveis em sua alimentação habitual. "Comer o arco-íris" é um jeito fácil de pensar sobre se alimentar de um modo saudável. Quanto mais cor em seu prato, mais saudável ele tende a ser. E quanto mais variedade em sua dieta, melhor.

Enquanto a pesquisa mostrou que o suco de vegetais pode ajudar com a perda de peso na Dieta D.A.S.H., em geral, você tiraria mais proveito se seus legumes e frutas fossem consumidos inteiros. Você precisa de fibra da maior parte dos alimentos integrais. Se quer que a refeição o mantenha satisfeito por mais 30 minutos, é muito importante lembrar-se disso ao consumir sucos de fruta; tente limitá-los a 120ml ou 180ml por dia. O melhor é consumir a fruta *in natura*.

Grãos integrais

Quando consumimos grãos, precisamos que eles sejam integrais. Fibras, fitoquímicos, vitaminas e minerais de grãos integrais são ótimos. Estudos demonstraram que as pessoas que consomem mais desse tipo de grão em sua dieta são menos suscetíveis a desenvolver diabetes.

Para pessoas com sensibilidade ao glúten, é perfeitamente normal substituir produtos à base de trigo por grãos integrais livres de glúten (para mais informações sobre intolerâncias ou alergias alimentares, veja o Apêndice A). Com a Dieta D.A.S.H., na verdade, será bem mais fácil seguir uma dieta livre de glúten. A maioria dos alimentos é preparada sem aditivos escondidos e utiliza-se pouca farinha na preparação da comida, então, o que você vê é o que come. Cortar qualquer alimento com glúten pode explicar por que muitas pessoas frequentemente se sentem muito melhores durante as primeiras duas semanas, quando os grãos não estão incluídos no programa.

Quando escolher cereais e pães, a única farinha usada na preparação deve ser a integral. Os fabricantes de alimentos usam muitos truques para nos confundir. Por exemplo, alguns produtores de cereais colocam pequenas quantidades de cereais integrais em seus produtos, e, em seguida, ressaltam a expressão "grão integral" na parte da frente da embalagem. Sur-

A Dieta do Coração

preendentemente, você não pode sempre saber pela cor se um pão é de grão integral. Ele pode ter corante caramelo, alimento adicionado para fazer com que pareça feito de farinha integral. Quando você estiver escolhendo cereais, opte por aqueles com não mais do que 5g de açúcar e menos de 250mg de sódio.

Fibras

Enquanto vários de nós consumimos muitas calorias por dia, poucos ingerem o mínimo da quantidade diária de fibra que precisamos. As recomendações são de que devemos obter 14g por cada 1.000 calorias em nossa dieta. Isso não será um problema com a Dieta D.A.S.H., já que sua base será de legumes, além de uma boa quantidade de frutas, grãos integrais, oleaginosas, sementes e feijões. Apenas certifique-se de que está ingerindo de 6 a 8 copos de líquido por dia (o consumo de fibra sem a ingestão satisfatória de líquidos pode gerar constipação). Se você tem problemas para digerir os alimentos com alto teor de fibras, consulte um médico para que ele o oriente, evitando, assim, o problema de gases.

Há dois tipos principais de fibra — solúveis e insolúveis. Grãos integrais são especialmente ricos em fibras do segundo tipo, que também são conhecidas por saciarem e ajudarem a manter o bom funcionamento do intestino. As fibras solúveis são encontradas em grandes quantidades em feijões e frutas e podem ajudar a baixar o colesterol, reduzindo a quantidade de gorduras que o organismo absorve. Também podem ser benéficas para o controle da taxa de açúcar no sangue durante a digestão. A frequência de evacuação é melhorada, já que as fezes ficam mais macias, volumosas e trafegam mais facilmente pelos intestinos.

A pesquisa demonstrou que a ingestão de um tipo de fibra solúvel, conhecido como *psyllium*, cerca de 10 a 12 gramas por dia, pode reduzir o colesterol em taxas de 3% a 14%. Se você decidir adicioná-la à sua dieta diária, aumente a dose lentamente até chegar à meta de 10 a 12 gramas (confira a embalagem do produto para averiguar o tamanho das porções). Certifique-se de beber bastante líquido.

Nem toda fibra solúvel ajuda a diminuir o nível de colesterol. Outro termo usado para aquelas que fazem esse trabalho é fibra funcional, o que ajuda a diferenciá-la da fibra solúvel, que não traz esse benefício especial à saúde. Vários fabricantes de alimentos têm introduzido novos produtos contendo fibra solúvel, que não se provaram beneficiais à saúde, então escolha produtos comprovados para obter uma melhora.

Exemplos de fibras funcionais são encontradas naturalmente na maior parte dos vegetais, incluindo betaglucano, oriundo da aveia; pectina, encontrada em muitos tipos de frutas, fibra de *psyllium* e ágar-ágar. Para ter uma lista de alimentos específicos ricos em fibras solúveis, consulte a tabela a seguir.

Algumas boas fontes de fibra

	Total de fibras solúveis	Total de fibras
Maçã descascada	0,4	3,0
Pera descascada	0,7	4,6
Framboesa, ½ xíc.	0,3	2,6
Ameixa seca, 5 un.	1,1	3,1
Abacate, ½ un.	1,2	3,1
Batata-doce, ½ xíc.	0,5	1,9
Brócolis, 2 floretes	0,2	1,8
Cenoura, ½ xíc.	0,4	1,9
Molho de tomate, ½ xíc.	0,6	3,0
Feijão-roxo, ½ xíc.	1,0	4,5
Aveia, ¾ de xíc.	1,2	2,7

Açúcares alcoólicos

Açúcares alcoólicos, tais como sorbitol e manitol, há muito têm sido usados como adoçantes de baixa caloria em certos alimentos. Mesmo que, tecnicamente, tenham as mesmas calorias que outros carboidratos, são muito difíceis de serem digeridos pelo organismo, o que reduz de maneira significativa a adição calórica que eles provocam na dieta. Entretanto, possuem um efeito colateral preocupante, se consumidos em excesso. Os açúcares alcoólicos são conhecidos por causarem diarreia. Esse efeito pode ser observado principalmente em produtos de panificação isentos de açúcar, onde podem ser usados em alta quantidade. E isso pode ser bem problemático para alguém que esteja tomando metformina, uma medicação comum para diabetes, o que também tende a aumentar o risco de diarreia. Um ótimo benefício dos açúcares alcoólicos é que eles não são cariogênicos, ou seja, não provocam cáries, e podem até ajudar a preveni-las e reduzir o risco de periodontite. Por esse motivo, são bastante usados na fabricação de gomas de mascar sem açúcar.

Adoçantes artificiais

Eu estava aconselhando uma mulher que havia acabado de ter um ataque cardíaco dois dias antes. Ela controlava mal sua diabetes do tipo 2, que frequentemente é associada ao aumento do risco de doenças cardíacas. Ela me contou que sua filha queria que ela cuidasse de sua doença de forma mais natural, dizendo que adoçantes artificiais eram veneno. Espantada, expliquei para ela que, com um controle deficiente da taxa de glicose, comidas ricas em amido e açúcares eram mais propensas a ser veneno (sim, eu sei que os nutricionistas estão gritando agora, mas uma mulher, relativamente jovem, tinha acabado de passar por uma cirurgia de ponte de safena, depois de seu ataque cardíaco!).

Sem insulina suficiente sendo produzida pelo corpo, o açúcar e o amido consumidos fariam a taxa de glicose em seu sangue aumentar, causando danos aos seus olhos, rins, nervos, veias e artérias. Também podem levar o fígado a acumular gordura e, assim, expelir o excesso de triglicerídeos para o organismo, causando, depois, uma doença arterial coronariana ainda mais séria. Eles causariam a diminuição do HDL (o bom colesterol), que ajuda a manter as artérias livres de placas de colesterol ruim. Embora seja comum alardear que os adoçantes artificiais causam prejuízos à saúde, eles entram na dieta daquelas pessoas que desejam alimentos doces, mas não podem ingerir calorias em excesso e/ou açúcar. Laticínios adoçados artificialmente podem ser uma boa saída para conseguir o sabor desejado, mas sem adicionar calorias extras. Entretanto, produtos de panificação e bolos, mesmo quando preparados com adoçante, ainda são ricos em amido e, geralmente, tem as mesmas calorias do que os seus equivalentes adoçados com açúcar. E para os diabéticos, uma vez que o amido se transforma em glicose durante a digestão, eles não são uma opção melhor do que os produtos com açúcar comum. Além disso, eles, em geral, são ricos em gorduras saturadas e/ou trans, o que pode aumentar a possibilidade de desenvolver diabetes tipo 2 e doenças cardíacas. É melhor evitar a maioria dos produtos de panificação e confeitaria, a menos que você seja uma criança muito ativa, que consegue queimar todas essas calorias extras. A verdade é que, para a maior parte das pessoas, adoçantes artificiais são uma escolha melhor do que açúcar, especialmente para as pessoas que têm ou correm o risco de desenvolver doenças cardíacas e diabetes.

A Dieta do Coração

Outra fonte extra de açúcar são as barras de cereais. Em geral, não sou uma grande fã desse tipo de alimento, exceto para as pessoas que fazem exercícios extenuantes e necessitam de outras fontes de energia à disposição. Sim, elas podem conter ingredientes saudáveis, como grãos integrais ou frutas secas. No entanto, para a maioria de nós, as melhores escolhas para lanches são as que indicamos em nossos cardápios, com frutas, oleaginosas, queijo ou iogurte e castanhas. Essas escolhas irão satisfazê-lo por muito mais tempo, sem o pico de açúcar no sangue que as barras de cereais causam.

Se você quiser evitar os adoçantes artificiais, frutas são uma grande fonte de doçura natural e, é claro, uma parte fundamental da Dieta D.A.S.H. Você também pode tentar adoçantes naturais não calóricos, como a estévia. Muitos outros adoçantes naturais são baseados em frutose ou sacarose, e, portanto, têm as mesmas calorias e contribuem de forma igual para os níveis de açúcar no sangue. Alguns exemplos são mel, agave, melaço e xarope de bordo. Com alguns deles, você pode usar um pouco menos do que o açúcar comum; no entanto, não há uma diferença calórica significativa entre eles. Mais uma vez, em relação aos produtos de panificação e confeitaria, menos açúcar significa mais amido, portanto, calorias e taxas de açúcar no sangue iguais. O xilitol é um açúcar alcoólico natural, está cada vez mais comum e traz benefícios e efeitos colaterais semelhantes aos outros açúcares do mesmo tipo.

Escolhendo seus melhores carboidratos

Faça um plano para escolher os melhores carboidratos. Pense naqueles alimentos ricos em fibras que você gosta e leve uma lista deles até o supermercado. Encha sua despensa e seu refrigerador com todas as opções alimentares que você adora. Se quiser evitar alimentos com adoçantes artificiais, escolha frutas que adocem. Essa estratégia pode demandar algum planejamento, mas assim que você estabelecer seus novos hábitos, nem voltará a pensar nas opções ricas em açúcar.

CAPÍTULO 9

O lado magro das gorduras

Quais são as gorduras populares hoje? Ouvimos falar muito sobre ômega 3 e gorduras monoinsaturadas. Todo mundo sabe que devemos escolher as carnes "magras" (se não formos vegetarianos, óbvio). Mas pode ser confuso saber o que comer, já que as recomendações dos "especialistas" em nutrição cambaleiam entre limitar significativamente o seu consumo de gordura e afirmar que ela não é a vilã; evite gordura animal, mas óleo de peixe é ótimo; manteiga é ruim, mas a margarina é pior. E assim vai. Tentarei ajudá-lo a entender quais gorduras são boas para você e quais devem ser evitadas, principalmente para alguém propenso a desenvolver diabetes e doenças cardíacas.

O ponto de vista contrário

Entre as gorduras muito populares que você não encontrará neste plano, estão incluídas a semente de linhaça (bem como seu óleo) e o óleo de coco. Embora muito tenha sido escrito sobre os benefícios dessas gorduras à saúde, não estou convencida sobre isso. Escolheremos as gorduras que foram consumidas por grupos numerosos de pessoas por longos períodos de tempo e que se mostraram associadas a um risco menor de doenças cardíacas.

Quanto à linhaça, ela não é um alimento que tem sido consumido extensivamente por humanos. A gordura primária que ela contém é o ácido alfalinoleico (ALA, sigla em inglês), que é um ácido graxo da categoria ômega 3. Algumas gorduras desse tipo são tidas como bem saudáveis, especialmente o EPA (ácido eicosapentaenoico) e o DHA (docosahexaenoico). O óleo de linhaça tem sido propagandeado como uma fonte vegetal de ácidos graxos da família ômega 3, que pode ser convertido no organismo em DHA e EPA. No entanto, a maioria das evidências indica que os humanos convertem muito pouco do ALA consumido em DHA e EPA. Então, há poucos benefícios. O ALA é um ácido graxo essencial, mas que tende a ser deficiente em uma dieta com uma variedade de gorduras saudáveis para o coração. Um estudo recente investigou os efeitos, em longo prazo, do consumo de linhaça. Os pesquisadores estavam preocupados com a hipótese de ocorrer problemas na produção de células vermelhas do sangue e nas funções renais. Em um estudo de quatro semanas, não ocorreram problemas de saúde imediatos. O consumo de linhaça não diminuiu a pressão arterial nem baixou a taxa de colesterol, mas fez crescer, a um número alarmante, o nível de triglicerídeos. Alguns estudos sugerem que o aumento do consumo de ALA pode aumentar o risco de desenvolver câncer de próstata. A linhaça e seu óleo são bem suscetíveis à oxidação, um fator que pode ser um dos desencadeadores de alguns tipos de cânceres. Os defensores dirão que as lignanas encontradas na linhaça são antioxidantes poderosos e que, assim, neutralizarão o potencial oxidante do óleo. Entretanto, continuo preocupada, já que as lignanas e as gorduras são separadas durante a digestão e cada uma segue seu caminho dentro do organismo. Assim, o ácido linoleico fica sujeito à oxidação. Para entender melhor esse processo, pense que gorduras e óleos ficam rançosos. Você quer um processo desses em seu corpo? De fato, é a oxidação que faz com que as gorduras fiquem rançosas, e as gorduras que nós evitamos são mais suscetíveis a isso do que outras.

O óleo de coco é quase totalmente composto de gordura saturada, e ela é certamente um fator de aumento dos níveis de colesterol no sangue. Esse, com certeza, não é nosso objetivo. E ele é absorvido melhor do que as gorduras comuns, já que os ácidos graxos de cadeia curta não precisam ser quebrados para serem absorvidos. Além disso, provavelmente não é sua meta comer gorduras que são mais facilmente absorvidas pelo seu corpo, o que poderia aumentar a sua ingestão calórica. Em locais do mundo com alto consumo de óleo de coco, as pessoas tendem a lutar com o aumento do risco de obesidade, diabetes, e doenças cardíacas. Minha experiência no hospital naval, atendendo pacientes das Filipinas e do sudeste da Ásia, mostrou que esses problemas eram comuns. Mesmo mulheres magras são mais propensas a desenvolver diabetes durante a gravidez, especialmente se usam muito óleo de coco na preparação de suas refeições. O pensamento atual é de que dietas ricas em gorduras saturadas estão associadas com o aumento do risco de desenvolver diabetes, o que pode ser, em parte, devido ao aumento da resposta inflamatória do organismo a essas gorduras. O óleo de palma é outra gordura tropical que é rica em gorduras saturadas. Muitos fabricantes de comida eliminaram as gorduras trans substituindo-as por óleo de palma. E, enquanto, certamente, queremos reduzir o consumo de gorduras trans em nossas dietas, não queremos também, ao mesmo tempo, aumentar o consumo de gorduras saturadas. Substituir uma gordura ruim por outra não nos tornará mais saudáveis.

Seguir a Dieta D.A.S.H. ajudará a reduzir nossa exposição "acidental" a essas gorduras ruins. Como? Para a maioria de nós, que luta para alcançar e manter um peso saudável, não há lugar na Dieta D.A.S.H. para calorias extras vindas de pães e confeitaria. Na Dieta D.A.S.H. é mais provável que a sobremesa seja uma fruta e/ou um tipo de laticínio sem açúcar.

> Ácidos graxos essenciais são aqueles que devemos obter em nossa dieta, já que nosso organismo não consegue criá-los a partir de outras gorduras. Os ácidos graxos essenciais são: o ácido linolênico e o ácido linoleico.

O ponto de vista dominante a respeito de gorduras

O que são gorduras saudáveis para o coração? São os ácidos graxos de cadeia longa, o DHA (ácido docosapentaenoico) e o EPA (ácido eicosapentaenoico), encontrados principalmente nos peixes de água fria, e a gordura monoinsaturada de cadeia longa (MUFA, sigla em inglês) de ácido oleico, que é especialmente predominante em oleaginosas e azeitonas. Nas décadas de 1960 e 1970, pensava-se que as gorduras poli-insaturadas eram as mais saudáveis.

As pessoas foram fortemente encorajadas a escolher óleos vegetais, tais como óleo de milho e óleo de soja; também conhecidos como ácidos graxos ômega 6. Agora acredita-se que o consumo em excesso dos ômega 6, que são gorduras poli-insaturadas – PUFA –, especialmente em relação às gorduras omega-3, pode aumentar a inflamação.

A Dieta do Coração

Entretanto, acredita-se que as gorduras PUFAs do óleo de peixe, DHA e EPA, são capazes de reduzir a inflamação. Consumir suplementos com esse composto é uma prática associada à diminuição da mortalidade decorrente por doenças cardíacas e por outras causas. Para várias pessoas, suplementos à base de óleo de peixe podem, também, ser úteis para reduzir os triglicerídeos, o que é um sinal precoce do desenvolvimento da resistência à insulina.

O azeite de oliva e outros óleos ricos em MUFAs também reduzem o risco de inflamação e estão associados com taxas mais baixas de doenças cardíacas e alguns tipos de cânceres. Por exemplo, as mulheres na Grécia, que consomem maiores quantidades de azeite de oliva, apresentam menor incidência de câncer de mama. E azeite de oliva é uma marca registrada da Dieta Mediterrânea, que é bastante conhecida por reduzir a mortalidade por doenças cardíacas (na verdade, a Dieta D.A.S.H. pode ser considerada uma versão americanizada da Dieta Mediterrânea).

Enquanto as dietas pobres em gordura foram bastante recomendadas pela maioria dos guias médicos no fim da década de 1980 e durante a maior parte da de 1990, as consequências não intencionais se mostraram inúteis como estratégia para promover a saúde. As gorduras foram substituídas por amidos, que podem ser bem saudáveis quando vindos de grãos integrais, mas não muito úteis quando em excesso ou quando oriundos de grãos refinados. Amidos em excesso também não são benéficos no estilo sedentário do norte-americano, quando a maioria de nós, diariamente, participa de atividade física insuficiente para queimar as calorias. Os amidos se transformam em glicose, o que requer muita insulina durante o processo. Se as pessoas não estão fazendo atividade física o bastante para desenvolverem músculos para queimar e estocar os carboidratos como glicogênio, o excesso de glicose será estocado como gordura e quase totalmente na região do abdômen. Muitos adultos (e adolescentes) têm problema para responderem de modo eficiente à insulina para diminuir a glicose na corrente sanguínea, o que é conhecido como resistência à insulina (RI). Durante os primeiros estágios da RI, o organismo aumentará a produção de insulina. Em crianças, a insulina é um hormônio de crescimento, mas nos adultos se relaciona com a estocagem de gordura. Então, quanto mais ingerimos alimentos ricos em amido, mais estamos estocando gordura, especialmente em forma de barriga. Se você olhar para sua família, amigos e sua comunidade, provavelmente verá que muitas pessoas correm o risco de desenvolverem resistência à insulina ou pré-diabetes. Agora pode entender o motivo de estarmos no meio de uma escalada epidêmica de diabetes.

Mas voltando para as gorduras: incluir uma quantidade moderada delas na dieta de alguém é benéfico. Elas fornecem saciedade e nos ajudam a não cometer excessos. A gordura ajuda na absorção de vitaminas liposolúveis e de vários nutrientes vindos dos vegetais, incluindo diversos antioxidantes. Alimentos que são especialmente ricos em gorduras benéficas para o coração incluem oleaginosas, sementes, azeitonas e a maioria dos peixes de água fria. Carne de boi criado em pasto também pode ser outra fonte de gorduras saudáveis.

O mais importante sobre gorduras

Todos ouvimos sobre como gorduras não são saudáveis e devem ser evitadas. As gorduras saturadas e trans são, definitivamente, escolhas ruins, já que ajudam nosso organismo a acumular mais colesterol e podem aumentar a inflamação.

A Dieta do Coração

Além disso, esses tipos de gorduras podem aumentar o risco de desenvolver diabetes tipo 2. O mais surpreendente é que, atualmente, podemos ver mais gorduras saturadas em nossas dietas do que há alguns anos. A gordura vegetal (uma grande fonte de gordura trans) foi substituída em vários alimentos por óleo de palma ou de coco. Como eu disse, ambos são ricos em gorduras saturadas. O pior: o óleo de coco é de fácil digestão e absorção. (Exatamente o que não queremos – absorver melhor as gorduras, em vez de eliminá-las.) Enquanto alguns autores possam afirmar que essas gorduras são saudáveis, ainda haverá um debate. Independentemente da minha experiência clínica, em grande parte das ilhas do Pacífico, onde o óleo de coco é uma gordura predominante, há taxas muito altas de obesidade e risco elevado de desenvolvimento de diabetes.

Gorduras poli-insaturadas (PUFAs) têm sido bastante divulgadas como benéficas para a saúde do coração desde o começo dos anos 1960. Agora, a evidência sugere que o consumo elevado de PUFAs está associado com o aumento da inflamação. As exceções são as gorduras de cadeia longa vinda de frutos do mar, também conhecidas como ácidos graxos ômega 3, que mencionamos anteriormente, DHA e EPA.

As gorduras que desejamos incluir em nossas dietas são as MUFAs, como as encontradas no azeite de oliva, óleo de amendoim e outras oleaginosas e sementes. Especialmente as boas fontes, que incluem castanha-de-caju, amêndoas, nozes e abacate. Também queremos incluir peixes gordurosos de água fria, que são ricos em EPA e DHA, salmão, atum, sardinha, e peixe-espada, por exemplo. Na Dieta D.A.S.H. você prepara sua própria comida, assim, fica fácil escolher as gorduras certas. E uma vez que o plano de dieta é pobre em pães e doces, se comparado com a dieta típica, as gorduras saturadas e trans serão retiradas de sua dieta.

Pense em como irá incorporar as gorduras saudáveis em sua dieta. Que tipos de peixes você vai escolher para as suas refeições? Se você não gosta de peixe, talvez possa pergunta perguntar ao seu médico ou nutricionista sobre a adição de um suplemento à base de óleo de peixe. Esses suplementos estão associados ao sangue "mais fino" (isto é, menos suscetível a coágulos) e os níveis de triglicerídeos são reduzidos. Um estudo importante na Itália demonstrou uma redução da taxa de mortes por doenças cardiovasculares — o que era esperado — e, surpreendentemente, menores índices de mortes em decorrência do câncer, devido à ingestão de óleo de peixe. Esses são os únicos suplementos que, comprovadamente, funcionam para reduzir a mortalidade por doença cardíaca. Pense em quais os alimentos que são ricos em gorduras monoinsaturadas que escolherá. Se come oleaginosas, que são suas favoritas? Que óleos de cozinha vai comprar? Com esses alimentos fundamentais à mão, achará mais fácil incorporar as gorduras mais saudáveis ao seu cardápio.

CAPÍTULO 10

Alimentos Celebridades

Os minerais são considerados fundamentais para a Dieta D.A.S.H. Nos alimentos da dieta, esconde-se uma rica variedade desses componentes. Os minerais-chave são o potássio, o magnésio e o cálcio. O sódio (vindo do sal) é outro mineral importante, mas um que devemos consumir de forma bem moderada. A Dieta D.A.S.H. também é rica em vitaminas, antioxidantes, e outros fitonutrientes. Antes de prosseguirmos, é importante se lembrar de que é o padrão alimentar da Dieta D.A.S.H. que importa, não vitaminas, minerais, ou antioxidantes isolados.

Os minerais da Dieta D.A.S.H.

Acredita-se que uma das razões principais pela qual a Dieta D.A.S.H. ajuda a baixar a pressão arterial é porque contém alimentos que são ricos em potássio, magnésio e cálcio. Agora, você pode se perguntar, por que não basta tomar um suplemento contendo esses minerais? Bem, os pesquisadores já tentaram isso. E, infelizmente, não funcionou. A maioria das tentativas de suplementação de vitaminas foi decepcionante; alguns estudos até mostraram aumento do número de tumores com o consumo de suplementos antioxidantes. Novos estudos em longo prazo (um estudo de nutrição europeu importante e outro com mulheres no Iowa, EUA), demonstraram que o uso regular, sem prescrição médica, de suplementos vitamínicos e minerais está associado a um aumento, não a uma diminuição, do risco da morte.

Há alguma coisa relacionada ao padrão alimentar da Dieta D.A.S.H. que traz tantos benefícios para a saúde. Uma dieta que é rica em frutas, legumes e verduras juntamente com grãos integrais, oleaginosas, sementes e feijões, também será rica em fibras, antioxidantes e outros nutrientes. Embora possa haver muitas teorias estranhas sobre o que incluir em uma dieta, alimentos à base de vegetais estão, quase sempre, no centro de qualquer plano alimentar. Certamente eles são a chave para uma dieta saudável. Adicione laticínios desnatados ou com baixo teor de gordura e carnes magras, peixes e aves, e você terá mais dos minerais benéficos, com um plano alimentar que ainda é pobre em qualquer um dos componentes alimentares preocupantes, de origem animal, como a gordura saturada. Incluir gorduras saudáveis em sua dieta melhora os benefícios para o coração, e pode também reduzir a inflamação. A maioria dos alimentos da Dieta D.A.S.H. fazem o dobro ou triplo trabalho em tornar uma dieta saudável.

Tabelas com listas de alguns dos alimentos da Dieta D.A.S.H. que são ricos em potássio, magnésio, cálcio aparecerão mais tarde neste capítulo. Nas seções a seguir, discutiremos os benefícios para a saúde de cada um dos grupos alimentares essenciais.

Frutas, legumes e verduras

Esses alimentos, é claro, são ótimas fontes de minerais, vitaminas e fibras. Normalmente são alguns dos alimentos mais dotados de nutrientes, e muito deles são ricos em minerais, sobretudo em potássio.

Grãos integrais

Os grãos integrais não são muito ricos em minerais, são boas fontes e contêm pequenas quantidades de minerais que são necessários em quantidades vestigiais. Eles são uma das mais importantes fontes de magnésio em nossas dietas. E, é claro, grãos integrais trazem muitos outros benefícios, incluindo fibras e vitaminas antioxidantes, e também são ótimas fontes de vitaminas do complexo B.

Oleaginosas, feijões e sementes

Na década de 1980, quando a gordura era "ruim", descartamos o ouro junto com a mina. Nem todas as gorduras trazem problemas; oleaginosas e sementes são, com certeza, ótimas fontes de todos os tipos de nutrientes, incluindo gorduras boas para o coração. Junte-as à proteína, e você terá também uma ferramenta poderosa para acabar com a fome. Oleaginosas e sementes são ótimas fontes dos minerais-chave da Dieta D.A.S.H., especialmente potássio e magnésio.

Feijões, é claro, são ricos em fibra e proteína e também são boas fontes de vitaminas e minerais importantes. São cheios de potássio e magnésio, que são fundamentais para um dos pilares da Dieta D.A.S.H., que é baixar a pressão arterial. Já que eles são utilizados, muitas vezes, como alternativa à carne, é ótimo serem também ricos em ferro.

Laticínios desnatados ou semidesnatados

Laticínios são um dos alimentos-chave da Dieta D.A.S.H. Quando o primeiro estudo foi realizado, um dos três grupos de teste fez uma dieta com quantidades extras de frutas, legumes e verduras sem adição de produtos lácteos a mais. Não foi percebido qualquer efeito na diminuição da pressão sanguínea, que vemos no plano completo da Dieta D.A.S.H. Claro, todos nós sabemos que laticínios são a mais importante fonte de cálcio na dieta americana típica. Mas você também sabe que eles também são muito ricos em potássio e magnésio? Sim, o leite tem cerca de 125mg de sódio, mas nós não queremos excluí-lo de nossas dietas visando a um "baixo teor de sal."

Se você é sensível à lactose ou à proteína de leite, pode escolher substitutos aos laticínios. Tome cuidado para escolher produtos com quantidades iguais de cálcio e vitamina D dos seus equivalentes lácteos. (Para mais informação sobre intolerância e alergias alimentares, veja o Apêndice A.)

Carnes magras, peixes e aves

Quando se trata de minerais, os alimentos ricos em proteínas são "Celebridades" importantes. A carne bovina é a nossa melhor fonte de ferro, uma vez que o mineral contido na carne é

A DIETA DO CORAÇÃO

muito melhor absorvido pelo organismo do que o encontrado em vegetais, cerca de 30% contra apenas 4%. Muitos tipos de peixes são excelentes fontes de potássio. Além disso, as carnes, peixes e aves têm muitos outros importantes minerais que fazem muito bem a nossa saúde. Adicione todos estes nutrientes saudáveis aos benefícios da construção e manutenção da massa muscular, proporcionando saciedade nas refeições, e vemos que eles podem fazer parte de uma dieta saudável. Certamente não estamos insistindo que alimentos de origem animal precisam fazer parte de um plano alimentar saudável, mas sim proporcionando flexibilidade para aqueles que gostam desses alimentos. Um dos principais conceitos por trás da Dieta D.A.S.H. foi levar os benefícios de uma dieta vegetariana em consideração e fazer um plano flexível o suficiente para conquistar a maioria de nós. Portanto, sem proselitismo, escolha mais alimentos de origem vegetal e divirta-se!

Escavando suas melhores fontes de minerais

A seguir, seguem listas de alimentos-chave que são ricos em potássio, magnésio e cálcio. Mesmo que estas tabelas não sejam abrangentes, elas o ajudarão a ter uma ideia dos alimentos importantes para serem incorporados à sua dieta, tanto para melhorar sua saúde, quanto sua perda de peso. Você pode notar que não incluímos alimentos ricos em oxalato, como espinafre, acelga e folhas de beterraba, na tabela de alimentos ricos em cálcio, mesmo eles contendo esse mineral, devido à pobre absorção de minerais nesses alimentos. Isso não significa que são alimentos ruins; apenas que não possuem a quantidade de cálcio da qual você precisa.

Alimentos Ricos em Cálcio

Laticínios: leite, iogurte, queijos (incluindo cottage).

Vegetais: brócolis, couve, bokchoi (ou acelga chinesa).

Feijões: soja em grãos, tofu.

Frutos do mar: sardinhas e outros peixes com espinhas.

Alimentos Ricos em Potássio

Legumes e verduras: aspargos, berinjela, abacate, broto de bambu, feijões, beterraba, brócolis, couve-de-bruxelas, couve-flor, nabo, couve, cogumelos, quiabo, batata, abóbora, algas marinhas, espinafre, abobrinha, batata-doce, tomate, folhas de nabo

Frutas: maçã, damasco, abacate, banana, melão cantalupo, tâmara, frutas secas, laranja, melão, kiwi, laranja, pera, pêssego, ameixa seca, morango, tangerina.

Oleaginosas e sementes: amêndoa, castanhas-do-pará, castanhas-de-caju, castanhas portuguesas, avelãs, amendoins, pecãs, sementes de abóbora e de girassol, nozes.

Cereais e pães: farelo de trigo, musli, pão de centeio integral.

Carnes e aves: carne de porco, em porções moderadas, carne bovina e aves.

Frutos do mar: linguado, salmão, bacalhau, mariscos, atum, robalo, truta arco-íris, lagosta, caranguejo.

Laticínios: leite, iogurte.

Outros: café, melaço, chá e tofu.

A Dieta do Coração

Alimentos Ricos em Magnésio

Frutas, legumes e verduras: abacate, banana, feijões, folhas de beterraba, feijão-caupi, mandioca, figo, lentilhas, quiabo, batata com casca, uvas-passas, algas marinhas, espinafre, acelga, vagem amarela.

Grãos integrais: amaranto, cevada, farelo de trigo, arroz integral, trigo sarraceno, bulgur (ou triguilho), granola, painço, aveia, centeio, triticale, trigo integral, arroz selvagem.

Oleaginosas e sementes: amêndoas, castanhas-do-pará, castanhas-de-caju, sementes de linhaça, avelãs, macadâmia, amendoins, pecãs, pistache, sementes de abóbora, gergelim, grãos de soja, sementes de girassol, nozes.

Laticínios: leite, iogurte.

Frutos do mar: salmão, atum, lagosta, linguado, bacalhau.

Beber à sua saúde

Juntando-se a todos esses nutrientes, é claro, todos precisamos tomar o suficiente de líquidos diariamente. Há vários modos de cumprir esse objetivo, e a maior parte das bebidas são, absolutamente, aceitáveis na Dieta D.A.S.H. E todo mundo quer saber o que beber quando segue esse plano alimentar. A boa notícia é que você dispõe de várias opções. Meu melhor conselho é beber quando estiver com sede. Evite as bebidas cheias de açúcar.

A seguir, alguns mitos que podem surpreendê-lo.

Mitos sobre as bebidas

1. Todos precisam de pelo menos 8 copos de água por dia.
   Falso. Depende do quanto suamos. A maioria de nós precisa de 6 a 8 copos (240ml) de líquidos por dia. Isso inclui a água dos alimentos, tais como frutas, legumes e verduras.

2. Bebidas à base de cafeína não contam como água, já que elas desidratam o organismo.
   Falso. Você excretará uma quantidade extra de água muito pequena devido às bebidas à base de cafeína, mas elas ainda contribuem para o seu consumo diário de água.

3. Beba água junto com suas refeições para se sentir mais satisfeito.
   Falso. A pesquisa demonstra que beber água junto com as refeições contribui muito pouco para diminuir a fome. Entretanto, comer alimentos ricos em água, incluindo sopas (pobres em sal), frutas, legumes e verduras, ajuda a não comer demais.

Bebidas	Recomendada?	Sugestões
Café	Sim	Adicione leite desnatado. Faça café com leite e assim terá outra porção de laticínios. Use apenas adoçantes artificiais não calóricos.
Chá	Sim	Adicione leite desnatado. Use apenas adoçantes artificiais não calóricos.
Refrigerante com açúcar	Não	
Refrigerante sem açúcar	Sim	

A Dieta do Coração

Bebidas	Recomendada?	Sugestões
Bebidas energéticas	Sim, apenas as adoçadas artificialmente.	
Leite	Desnatado	Faça chocolate quente com leite desnatado, cacau em pó e adoçante artificial não calórico.
Vinho	Sim, mas não nos primeiros 14 dias.	O vinho tinto é melhor. Limite de 105ml para mulheres e o dobro dessa quantidade para homens. Cada taça substitui uma porção de fruta.
Cerveja	Tolerada, mas não nos primeiros 14 dias.	Cada cerveja normal substitui duas porções de grãos. Uma cerveja light substitui uma porção.
Outras bebidas alcoólicas	Ocasionalmente é aceitável, mas não nos primeiros 14 dias.	Uma dose substitui uma porção de grãos.
Frutas batidas com leite	Ocasionalmente é aceitável, mas não nos primeiros 14 dias.	Conta como suas porções diárias de laticínios e frutas.
Água	Sim	Em alguns lugares, pode ser uma fonte importante de cálcio.

* Em geral, escolha frutas inteiras e vegetais para ficar satisfeito e ter uma digestão lenta. As frutas que são batidas com leite contribuem para um "pico de açúcar", o que a maioria deve evitar. (No liquidificador, a fibra da fruta é quebrada, reduzindo de modo significativo seu efeito, e o açúcar é liberado das células da fruta, tornando sua absorção mais rápida. Isso acontece em menor proporção na mastigação, mas não na mesma intensidade que ocorre quando liquidificamos a fruta.) Limite as frutas batidas com leite às ocasiões especiais ou evite-as totalmente.

PARTE III

A dieta mais saudável: como ela mantém você com saúde?

III

CAPÍTULO 11

Levando a Dieta D.A.S.H. a sério

A doença cardíaca é a principal causa de morte entre homens e mulheres, sendo o acidente vascular cerebral o terceiro colocado. Em 2010, as doenças cardiovasculares (DCV) custaram aos Estados Unidos cerca de 444 bilhões de dólares. Cerca de 83 milhões de adultos americanos (33% da população) têm algum tipo de doença cardíaca. A cada ano, cerca de 735 mil pessoas sofrem ataques cardíacos. Outros 795 mil têm derrames. Há 68 milhões que convivem com a pressão arterial elevada (hipertensão), enquanto outros 25% dos adultos estão em condição de pré-hipertensão.

Doenças do coração são, claramente, um problema significativo para um grande número de norte-americanos. Algumas pessoas podem pensar que têm um forte histórico familiar de doença cardíaca precoce, motivo pelo qual não há muito o que fazer sobre a questão. Outros pensam que, se for inevitável, preferem não fazer quaisquer mudanças em seu estilo de vida que possa diminuir sua qualidade de vida. No entanto, poucas pessoas gostariam de sofrer os efeitos prolongados de um aci-

A Dieta do Coração

dente vascular cerebral debilitante ou viver com insuficiência cardíaca. Infelizmente, não temos escolha sobre como nossa própria doença cardíaca pode acontecer. Então, talvez devêssemos fazer algo agora para ter um coração mais saudável.

Os riscos mais óbvios de doença cardíaca envolvem pressão arterial alta e taxa elevada de colesterol. É claro, há riscos adicionais, que podemos dividir em duas categorias: aqueles que você pode controlar e os que não pode.

Os riscos de doença cardíaca

Fora do seu controle	Sob o seu controle
Família com histórico de doença cardíaca precoce	Hipertensão
Mulheres acima de 45 anos e homens acima de 55 anos	Taxas de colesterol e triglicerídeos altas Taxa de HDL baixa Obesidade Fumo Diabetes Estilo de vida sedentário

Como a maioria dos aspectos de risco de doença cardíaca estão sob nosso controle, podemos tomar alguma providência sobre eles também. Todos queremos permanecer saudáveis à medida que envelhecemos e viver vidas longas e ativas. Se você tem um histórico familiar de doença cardíaca precoce, então provavelmente tem também um risco elevado de desenvolver o problema. Vai querer prestar atenção especial aos riscos que consegue controlar. Pode ser fácil culpar a hereditariedade quando se trata de questões de saúde, mas apenas porque a natureza deu-lhe uma arma carregada, isso não significa que você precisa puxar o gatilho tendo um estilo de vida ruim. Para a maioria de nós, nossas escolhas terão impacto sobre se teremos doenças cardíacas e a precocidade com que elas se desenvolverão.

Se tivermos pressão arterial alta e taxas elevadas de colesterol e triglicerídeos, nível baixo de HDL e/ou diabetes, precisamos cumprir as recomendações do nosso médico quanto à medicação e mudanças no estilo de vida que levamos. Se estamos acima do peso ou obesos, podemos fazer algumas coisas para perder alguns quilos, como parar de fumar e nos tornar mais fisicamente ativos.

Claro que uma das coisas mais importantes que podemos fazer é seguir a Dieta D.A.S.H. Originalmente, ela foi desenvolvida para diminuir, sobretudo, a pressão arterial sem medicação. As pesquisas intituladas "Abordagens Dietéticas para Parar a Hipertensão". E é isso que ela faz. Também ajuda as pessoas a responderem melhor à sua medicação para pressão arterial, se não forem capazes de eliminar o problema por completo. Várias pessoas nos relataram que seus médicos foram incapazes de controlar suas pressões arteriais até eles começarem com a Dieta D.A.S.H.

Felizmente, a Dieta D.A.S.H. também diminui a taxa de colesterol total. A evidência demonstra que dietas pobres em carboidratos ajudarão a aumentar a taxa de bom colesterol, enquanto ajuda a diminuir a de triglicerídeos. A Dieta D.A.S.H. também demonstrou ajudar a reduzir o risco de desenvolver diabetes do tipo 2. Cortar os carboidratos ruins das comidas ricas em amido e altamente processadas, e consumir todos os alimentos centrais da Dieta D.A.S.H., irá diminuir a progressão da doença para muitas pessoas e satisfará a maior parte dos endocrinologistas. Afinal de contas, a diabetes do tipo 2 é consequência da baixa resposta à insulina, que por fim acaba exaurindo a habilidade do organismo em produzir o suficiente desse hormônio. Consumir menos amido, como você faz quando está na Dieta D.A.S.H., ajudará a não sobrecarregar as

A Dieta do Coração

células produtoras de insulina do organismo. Perder peso ajuda muitas pessoas a responder melhor à insulina, contribuindo ainda mais para evitar a diabetes ou facilitar o seu controle.

Parar de fumar é um desafio para várias pessoas. Mesmo que mudanças na política pública tenham tornado mais difícil fumar em locais públicos e aumentado de modo significativo o preço do vício, cerca de 20% da população adulta dos EUA ainda fuma. Essa condição é mais prevalente nos jovens adultos do que nos mais velhos. Mesmo que os jovens fumem apenas um cigarro por dia, podem aumentar o endurecimento de suas artérias em 25%, ainda que pratiquem alguma atividade física. Isso pode levar ao aumento da pressão arterial e as artérias ficam mais propensas a entupir com o colesterol. Além disso, o sangue dos fumantes carrega menos oxigênio, o que aumenta a propensão a coágulos e obriga o coração a trabalhar mais. O risco de um acidente vascular cerebral isquêmico (do tipo que um coágulo interrompe o fluxo sanguíneo para uma parte do cérebro, resultando em morte de células cerebrais) é quase o dobro.

Felizmente, os benefícios de parar de fumar aparecem muito rapidamente. Dentro de 12 horas, a sua pressão arterial e pulsação voltarão ao normal, assim como seus níveis de oxigenação sanguínea. Dentro de dois dias, seu paladar e olfato começarão a voltar. Depois de um ano, o risco de sofrer um ataque cardíaco ou acidente vascular cerebral terá diminuído pela metade, em comparação aos fumantes. Em cinco anos, o risco de um ataque cardíaco fatal diminuirá 61%, enquanto que o risco de um acidente vascular cere-

Fontes de alimentos de colesterol bom ou ruim?

Frequentemente me perguntam quais alimentos têm colesterol ruim, para que sejam evitados. Os alimentos têm colesterol normal. O ruim e o bom se referem a como são armazenados em nosso sangue.

bral fatal será reduzido a 42%. Cerca de 15 anos depois de ter parado de fumar, o risco de ataque cardíaco e acidente vascular cerebral volta a ser o mesmo que o de alguém que nunca fumou.

Perder peso, caso estiver com sobrepeso ou seja obeso, ajudará a reduzir o seu risco de doença cardíaca. Estar com sobrepeso significa que você é mais propenso a ter níveis elevados de colesterol, triglicerídeos, e níveis baixos de HDL. Corre mais risco de desenvolver pressão arterial alta e de responder não tão bem à insulina. Independentemente desses riscos, mesmo pequenos aumentos no peso podem elevar significativamente o risco de ter um ataque cardíaco. As mulheres de meia-idade que têm IMC entre 23 e 25 (que ainda está na faixa saudável) estão 50% mais propensas a ter doença cardíaca coronária, enquanto os homens cujo IMC é de 25 a 29 (sobrepeso) têm o risco aumentado para 72%.

Metas para um coração saudável

Muitas pessoas sabem os números que indicam a saúde do coração. E você? Vamos revisá-los a seguir.

Pressão sanguínea

	Pressão Sistólica Arterial	Pressão Diastólica Arterial
Pressão arterial saudável	Menor que 120, maior que 90	Menor que 80, maior que 60
Pré-hipertensão	120 – 139	80 – 99
Hipertensão, estágio 1	140 – 159	90 – 99
Hipertensão, estágio 2	160 ou mais	100 ou mais

A Dieta do Coração

O primeiro número, quando medida a pressão arterial, corresponde à pressão arterial sistólica (PAS), que ocorre quando o coração bate (bombeia o sangue); o segundo número é a chamada pressão arterial diastólica (PAD), que ocorre quando o coração descansa entre as batidas. A pressão arterial saudável está relacionada a vasos sanguíneos relativamente elásticos, que são capazes de ser flexíveis quando o coração bate. Vasos endurecidos estão associados ao aumento da pressão arterial. A flexibilidade das artérias pode continuar a diminuir, levando ao endurecimento delas. Vasos sanguíneos e artérias endurecidos são mais propensos a ficarem obstruídos com acúmulo de colesterol, o que pode prejudicar o fluxo de sangue para todas as partes do corpo, incluindo os rins, cérebro, braços e pernas. A pressão arterial elevada pode levar à insuficiência renal, cardíaca, acidentes vasculares cerebrais, aneurismas, angina, função cognitiva reduzida, lesões oculares, impotência e doença vascular periférica.

Infelizmente, apenas metade das pessoas com pressão arterial elevada a controla. Os motivos para essa falta de controle incluem o não diagnóstico, a incapacidade de tomar medicação prescrita, e descumprimento das mudanças de estilo de vida recomendadas. As orientações quanto à dieta e aos exercícios físicos contidas neste livro darão um suporte para a melhora de sua pressão arterial.

Lipídios

Lipídio é o nome científico para gorduras e, neste caso estamos nos referindo especificamente às gorduras em seu sangue. Os dois tipos mais importantes de gorduras incluem o colesterol e triglicerídeos. O colesterol é, mais adiante, quebrado em colesterol de baixa densidade, chamado LDL, colesterol de alta densidade, HDL, e colesterol de densidade muito baixa, conhecido como VLDL, que não é comumente mencionado em seus exames laboratoriais. O LDL é considerado o "mau" colesterol, já que tende a depositar colesterol ao longo de sua rede de vasos sanguíneos. O HDL é o "bom" colesterol, pois limpa os depósitos. Ter uma taxa alta de HDL significa que essas partículas estão limpando o colesterol acumulado em suas artérias, e mandando-o para o fígado a fim de ser removido.

Classificações das taxas de lipídios no sangue

Colesterol Total
Desejável: <200
Limite: 200 – 239
Alto: 240 ou mais

Colesterol LDL
Desejável com CVD: <70
Ótimo: <100
Próximo ou acima de ótimo: 100 – 129
Limite: 130 – 159
Alto: 160 – 189
Muito alto: 190 ou mais

Colesterol HDL
Baixo: <40
Alto (desejável): 60 ou mais

Triglicerídeos (Triacylglyerols)
Normal: <150
Limite: 150 – 199
Alto: 200 – 499
Muito alto: 500 ou mais

A Dieta do Coração

Os triglicerídeos são o outro tipo de gordura que estão ligados à saúde do coração. Eles tendem a se depositar nas veias e artérias, um processo semelhante ao do LDL. Além disso, níveis elevados de triglicerídeos podem ser um sinal de alerta de que você corre um risco maior de desenvolver diabetes tipo 2. Quando a taxa de açúcar no sangue permanece mais alta do que o normal por mais tempo, o fígado puxará para si um pouco do excesso de açúcar. Depois que ele tiver açúcar suficiente armazenado como glicogênio, começará a converter o excesso de açúcar em ácidos graxos, que são combinados em triglicerídeos, muitos dos quais formam partículas e voltam para a corrente sanguínea. Infelizmente, essas partículas de triglicerídeos absorvem o colesterol HDL, reduzindo a sua capacidade de enviar o colesterol de volta para o fígado para sua eliminação. Assim, os triglicerídeos são um sintoma da possível ocorrência da resistência à insulina e um problema para a saúde do coração.

O seu médico pode ter objetivos para você que diferem das diretrizes gerais para a população. No entanto, estes são os objetivos-padrão para as taxas de lipídios do sangue. As pessoas com maior risco de desenvolver doença cardíaca podem ter a orientação de reduzirem ainda mais seu nível de LDL do que o expresso pelas diretrizes-padrão. Ter diabetes é um dos fatores que aumentam o risco de doença cardíaca, de forma que há diretrizes mais rigorosas para as pessoas que sofrem dessa doença.

Ter taxas altas de lipídios no sangue anda de mãos dadas com a pressão arterial elevada em se tratando de danificar artérias e veias, e aumenta o risco para as mesmas doenças, como a hipertensão. É importante enfatizarmos o risco maior de ataque cardíaco, fatal ou não, associado a níveis elevados de colesterol.

Felizmente, a Dieta D.A.S.H. ajuda na melhora dos níveis de colesterol, através do baixo consumo de gorduras saturadas e aumento da ingestão de cálcio e fibras. O organismo usa as gorduras trans e saturadas para formar o colesterol. As fibras e o cálcio ajudam a reduzir a quantidade de gordura que seu corpo absorve. Escolher carnes magras, limitar a gordura dos laticínios, e evitar vegetais ricos em gordura saturada (como óleos de palma e coco) são estratégias fundamentais da Dieta D.A.S.H. para diminuir a taxa de colesterol. Estamos preocupados mais com o consumo de gorduras prejudiciais à saúde do que com o colesterol da dieta, já que ingerimos 100 vezes mais gordura saturada do que colesterol. Além disso, a redução do consumo de amido, promovida pela Dieta D.A.S.H., ajudará a reduzir o nível de triglicerídeos e a quantidade de colesterol produzida por seu organismo. Uma coisa que ninguém sabia? Uma dieta rica em carboidratos aumenta a produção de uma enzima (HMG CoAreductase) que ajuda na produção do colesterol em seu fígado. Uma dieta como essa abaixa a taxa do bom colesterol e aumenta a do mau. Nada disso é o que queremos, então cortar todas essas comidas ricas em amido trará muitos benefícios para a saúde do coração.

Diminuindo seu risco de ter doença cardíaca

A maior parte dos riscos de doenças do coração está sob seu controle. O histórico familiar, sexo e idade não estão. Assim, concentre-se nas coisas que você pode mudar, a maioria das quais são abordadas com a Dieta D.A.S.H. Siga este plano e trabalhe em conjunto com o seu médico para controlar a pressão arterial, as taxas de colesterol, triglicerídeos e açúcar no sangue. Alcance e mantenha um peso saudável. Torne-se mais ativo fisicamente ativos e pare de fumar.

CAPÍTULO 12

Diminuindo o seu risco de ter diabetes

Há três doenças relacionadas à taxa de açúcar no sangue que andam juntas: resistência à insulina, síndrome metabólica e diabetes tipo 2. A resistência à insulina soa muito como "conversa de médico", o que de fato é, mas é muito importante entender o processo que leva a desenvolver a diabetes do tipo 2. Cerca de 25 milhões de americanos têm a doença. Outros 35% dos americanos adultos sofrem de pré-diabetes. O cenário pula para 50% quando se trata de pessoas com mais de 65 anos. Nos Estados Unidos, em 2007, o custo estimado da diabetes estava em 175 bilhões de dólares. A doença está associada com o aumento do risco de falência renal, cegueira, doença cardíaca e amputações.

A maioria de nós tem medo de desenvolver diabetes. Enquanto a doença está se tornando mais comum e tratável, e quase todos nós conhecemos alguém próximo que tem diabetes, ainda não queremos que isso controle as nossas vidas. Se você tem um forte histórico familiar de diabetes, ou se tiver alguns dos sinais de alerta precoce, tais como triglicerídeos elevados, aumento da circunferência abdominal ou um diagnóstico de pré-diabetes, então gostará de ter um plano para fazer alguma coisa sobre isso.

A genética e a hereditariedade podem ser um forte fator na possibilidade de você ser mais propenso a desenvolver a doença. Além do histórico familiar de diabetes, vários grupos étnicos sofrem de um risco maior de desenvolver diabetes do tipo 2, incluindo latinos, hispânicos, indígenas americanos, nativos do Alasca, afro-americanos, sul-asiáticos e habitantes de ilhas do Pacífico. Felizmente, a pesquisa demonstrou que melhorar os hábitos alimentares e se exercitar moderadamente pode reverter ou prevenir o aparecimento de diabetes. Saber que você corre o risco pode ajudar a motivá-lo a ser mais ativo fisicamente e a se alimentar melhor.

Como diferem os tipos 1 e 2 de diabetes?

Na diabetes tipo 1, o corpo rápida e completamente perde a habilidade de produzir insulina. Tipicamente, ocorre na infância, mas pode surgir em qualquer idade. É também conhecida como diabetes juvenil ou dependente de insulina. Pessoas que sofrem desse tipo da doença devem usar insulina em cada refeição. Também é possível que elas desenvolvam resistência à insulina quando mais velhas.

Já no tipo 2 da doença, o organismo lentamente fica incapaz de produzir insulina suficiente. A resistência à insulina é uma característica marcante. Ocorre mais frequentemente na fase adulta. Também é conhecida como diabetes do início da fase adulta e não dependente de insulina (ainda que algumas pessoas portadoras de diabetes tipo 2 precisem de insulina).

A insulina é um hormônio do organismo que ajuda a levar o açúcar que está no sangue para dentro das células, especialmen-

A DIETA DO CORAÇÃO

te nos músculos. Quando você faz uma refeição com açúcar ou amido, sua glicemia (taxa de açúcar no sangue) sobe e ativa o pâncreas, que passa a produzir insulina. A resistência à insulina é a condição em que seu corpo para de responder à insulina de forma tão eficiente como o fazia quando era mais jovem (embora, infelizmente, essa condição possa ocorrer em crianças e adolescentes). Quando seu corpo não responde bem à insulina, o pâncreas bombeia níveis cada vez mais altos do hormônio para tentar manter o açúcar no sangue sob controle. Ao longo do tempo, esse excesso de produção pode desgastar as células que produzem insulina, e então você não será capaz de produzir o suficiente para manter a taxa de açúcar no sangue controlada.

O fígado normalmente contém um pouco de açúcar armazenado como glicogênio, mas ele consegue estocar apenas uma quantidade limitada. Se a taxa de açúcar no sangue ainda estiver alta, o fígado vai converter o excesso em triglicerídeos (ver capítulo 11). Alguns desses triglicerídeos são armazenados no fígado, o que pode causar esteatose (acúmulo de gordura no fígado). E alguns formam partículas e voltam para a corrente sanguínea, onde eles podem absorver o colesterol HDL (colesterol bom), reduzindo a capacidade de enviar o colesterol para o fígado, a fim de que seja eliminado.

Alguns dos primeiros sintomas que serão notados pelo seu médico podem ser um ligeiro aumento nas taxas de glicose e/ou triglicerídeos. Você deve ter percebido que ganhou peso na região abdominal. Lamento, mas esse é, sim, um sinal importante de que você corre o risco de desenvolver diabetes. Infelizmente, a única área onde o seu corpo ainda responde bem à insulina são as células de gordura em torno de sua região abdominal. O excesso de açúcar enche as células de gordura e é convertido em mais gordura.

Fatores ligados ao estilo de vida podem provocar a resistência à insulina, são eles: falta de atividade física e consumo de excesso de calorias por um longo tempo, especialmente oriundas de açúcar e amido, ambos, é claro, relacionados ao ganho de peso e obesidade. A boa notícia é que um estudo mostrou que permanecer na linha com uma alimentação saudável, perder cerca de 7% do peso corporal e adicionar uma atividade física moderada ao seu cotidiano (30 minutos, cinco vezes por semana) pode reverter ou prevenir o aparecimento da resistência à insulina.

Definição de diabetes e resistência à insulina

A taxa de açúcar no sangue considerada normal é inferior a 100mg/dL, quando em jejum, e considerada ótima e saudável, quando está em cerca de 75 a 80mg/dL. Pré-diabetes é quando essa taxa se situa 100 e 125mg/dL, quando em jejum. Isso também pode ser chamado de resistência à insulina, diminuição da tolerância à glicose, ou glicemia de jejum alterada, dependendo do teste que foi usado para diagnóstico. As pessoas são diagnosticadas com diabetes se a taxa de açúcar no sangue, colhido em jejum, for de 126mg/dL ou mais, em resultados repetidos; ou se a taxa estiver em mais de 200mg/dL, sem jejum. Outra medida é o A1c (hemoglobina glicosilada), que se estiver superior a 6,5, considera-se indicativo de diabetes. Faça a medição de A1c, o nível de açúcar em sua hemoglobina que indica a taxa de açúcar em seu sangue, a cada três meses.

Síndrome metabólica

A síndrome metabólica está relacionada com a resistência à insulina. Também é chamada de síndrome X, síndrome da re-

A Dieta do Coração

sistência à insulina ou síndrome dismetabólica. O conjunto de sintomas, incluindo aumento da pressão arterial, glicemia elevada, triglicerídeos altos, colesterol HDL baixo, e circunferência de cintura acima do recomendado, está relacionado com a forma como o corpo processa o açúcar no sangue. Felizmente, as mudanças de estilo de vida para controlar essa síndrome são exatamente as mesmas que para diminuir a resistência à insulina, a pressão arterial e a qualidade dos lipídios no sangue. Controlar todas essas questões reduz o risco de doenças cardíacas e diabetes. A Dieta D.A.S.H., com níveis mais baixos de alimentos ricos em amido e muito exercício, ajudará a diminuir os sintomas e problemas físicos inter-relacionados causados pela síndrome.

Diagnóstico de síndrome metabólica (EUA) inclui 3 ou mais das condições abaixo

Triglicerídeos	Acima de 150
Circunferência abdominal	Acima de 102cm para os homens e de 88cm para as mulheres
Baixo HDL	Menos de 40mg/dL para os homens e menos de 50mg/dL para as mulheres
Pressão arterial elevada	Maior do que 130/85 ou sob medicação para hipertensão
Nível elevado de açúcar no sangue	Taxa de glicose em jejum acima de 110mg/dL

CAPÍTULO 13

A Dieta D.A.S.H. para os aficionados em ciências

A pesar de a Dieta D.A.S.H. ser, de certa forma, um processo quase que intuitivo de ser instalado em nossa vida e seguida, muitas pessoas ainda desejam obter mais detalhes do motivo e como ela funciona.

A premissa original da Dieta D.A.S.H. é baixar a pressão arterial. A pesquisa foi chamada Abordagens Dietéticas para Parar a Hipertensão. Um dos princípios era que as dietas vegetarianas eram conhecidas por serem associadas à redução da pressão arterial. Os pesquisadores queriam pegar os melhores elementos dessas dietas e desenvolver um padrão alimentar que fosse flexível o bastante para acomodar as preferências alimentares da maioria dos americanos, contanto que ainda assim fosse uma dieta bem saudável.

Os padrões alimentares que são ricos em potássio, magnésio e cálcio são conhecidos por reduzirem a pressão arterial. Isso parecia ser uma solução fácil: apenas adicionar suplementos que tivessem esses minerais em sua composição para promover uma pressão sanguínea mais saudável. De

A Dieta do Coração

fato, muitos estudos foram feitos a fim de embasar o efeito desses suplementos minerais na dieta. Infelizmente não comprovaram benefícios consistentes derivados da ingestão dessas pílulas.

Quando você observa padrões dietéticos abundantes em potássio, magnésio e cálcio, eles também tendem a ser ricos em vitaminas C e D e terem alto teor de fibras. Os pesquisadores decidiram desenvolver um programa baseado em padrões alimentares, em vez de componentes dietéticos.

Quando os primeiros estudos sobre a Dieta D.A.S.H. estavam sendo desenvolvidos no começo dos anos 1990, a norma nutricional comum apregoava que dietas ricas em amidos, especialmente vindo de grãos, e pobres em gorduras e proteínas eram a chave para melhorar a saúde e reduzir a obesidade. É claro, agora sabemos que isso não funcionou tão bem. Mas essa filosofia moldou o projeto original da Dieta D.A.S.H.

Para os estudos iniciais, as metas de contribuições calóricas para a Dieta D.A.S.H. foram de 55% de carboidratos, 18% de proteína e 27% de gordura. O teor de sal foi estabelecido em 3g por dia, um valor muito maior do que seria utilizado hoje, uma vez que não havia nenhuma recomendação de consumo diário específico para o sódio naquela época — havia apenas uma recomendação para um valor mínimo, que foi considerado adequado e seguro. Além disso, os pesquisadores queriam avaliar o efeito do padrão de dieta, não a redução de sódio, sobre a pressão sanguínea.

Os alvos principais de nutrientes consumidos diariamente foram, pelo menos, 4,7g de potássio, 1250mg de cálcio, 500mg de magnésio, e 31g de fibra. Na prática, a pesquisa sobre a dieta foi capaz de chegar só a 4,5mg de potássio. As metas para o cálcio e magnésio foram muito mais fáceis de atingir, e cota de fibras foi excedida.

Outra preocupação dos pesquisadores foi de que certos grupos étnicos tivessem taxas maiores de hipertensão e fossem mais propensos a terem sérias complicações de saúde devido à pressão arterial elevada.[1] Então, durante a escolha de sujeitos para estudo, incluíram afro-americanos em maior número do que a representação desse grupo na população geral. E certas regiões do país são mais propensas a ser afetadas pelas consequências da hipertensão. A região do país mais ao sudeste, seguindo as Montanhas Inferiores dos Apalaches, indo em direção ao Texas, é chamada de Cinturão do Derrame.[2] Felizmente, os dois locais escolhidos para o estudo ficavam nesse local, na Universidade Duke, na Carolina do Norte e no Centro de Estudo Biomédicos Pennington, na Louisiana. Assim, a Dieta D.A.S.H. foi testada com o objetivo de atingir os grupos mais impactados pelo problema da pressão arterial elevada. Se ela conseguisse funcionar para as pessoas mais vulneráveis, então o plano da Dieta D.A.S.H. certamente seria valioso.

Não é tão surpreendente, uma vez que agora sabemos que a Dieta D.A.S.H. foi classificada como o melhor e mais saudável plano de dieta, que ela tenha efetivamente funcionado para reduzir a pressão arterial, mesmo nas pessoas com maior probabilidade de sofrer hipertensão. No estudo inicial, houve três ramificações. O primeiro grupo comeu uma dieta típica norte-americana; o segundo consumiu a dieta típica com adição de frutas e legumes, e o terceiro grupo seguiu o plano da Dieta D.A.S.H., que continha as frutas e legumes extras e alimentos lácteos com baixo teor de gordura extra.

Devido ao propósito da pesquisa, que era avaliar o efeito do padrão alimentar na pressão arterial, os participantes não puderam perder (ou ganhar) peso durante o estudo. A mudança de peso poderia acarretar problemas ao se avaliar o

A DIETA DO CORAÇÃO

efeito da dieta sobre a hipertensão. Perder peso, por si só, faz a pressão sanguínea baixar.

O interessante foi que o grupo que apenas adicionou frutas, legumes e verduras em sua alimentação não obteve melhora em relação à pressão arterial. Foi somente o grupo que seguiu todo o plano da Dieta D.A.S.H., incluindo os laticínios extras, que demonstrou alguma melhora. Muitas vezes, a Dieta D.A.S.H. é bastante simplificada e descrita meramente como um plano alimentar rico em frutas, legumes e verduras. Entretanto, essa explicação não abarca a chave de equilíbrio do plano como um todo. Sem o cálcio e a vitamina D, oriundos dos laticínios, a dieta não funcionaria. Por outro lado, muitas pessoas podem pensar que a Dieta D.A.S.H. é apenas outra dieta com baixo teor de sódio. Contudo, no primeiro estudo, o teor de sódio era significantemente mais alto do que as recomendações dietéticas atuais determinam como sendo o consumo ideal.

Notaram-se ainda reduções significativas nos níveis de pressão arterial quando os participantes que sofriam de hipertensão foram avaliados. Baixou-se a pressão sistólica para 11.4 mm Hg e a diastólica para 5.5 mm Hg[3], sem a diminuição do consumo de sódio e sem perda de peso. A Dieta D.A.S.H., completa com laticínios e frutas, legumes e verduras extras, foi capaz de reduzir a pressão arterial, mesmo sem outras mudanças importantes no estilo de vida.

Um estudo posterior foi traçado para avaliar o benefício da redução de sódio, em conjunto com o padrão alimentar adotado pela Dieta D.A.S.H. Foi chamado de DASH-sodium study (estudo DASH-sódio, em tradução livre).[4] O resultado demonstrou que a redução de sódio poderia ajudar a melhorar a condição de muitas pessoas que sofriam de pressão arterial elevada, especialmente as mulheres afro-americanas e as pessoas mais velhas, em geral.[5] Uma vez que a Dieta D.A.S.H. já abaixa os níveis de pressão arterial sem a restrição de sódio, o benefício de diminuir a ingestão de sal foi muito mais intenso em pessoas que estavam seguindo a dieta típica americana. A Dieta D.A.S.H., com a recomendação de 3,5g de sódio, forneceu o mesmo grau de redução na pressão arterial do que a dieta típica com teor de sódio reduzido a 1,5g. A Dieta D.A.S.H. proporciona, assim, alguma proteção, caso ocorra a ingestão de refeições ricas em sódio.

A Dieta D.A.S.H. demonstrou diminuir as taxas de colesterol total e colesterol LDL.[6] Houve uma leve redução no nível de colesterol HDL e nenhuma mudança quanto aos níveis de triglicerídeos. Contudo, devemos lembrar que nos primeiros estudos sobre a D.A.S.H., a dieta ainda era relativamente rica em alimentos cheios de amido, que são associados com a queda dos níveis de HDL e contribuem nas taxas de triglicerídeos.

Um estudo da Dieta D.A.S.H. com pacientes que sofriam de síndrome metabólica (resistência à insulina, baixo HDL, pressão arterial elevada e/ou triglicerídeos altos) demonstrou melhoras quanto às taxas de LDL, HDL, triglicerídeos, na glicemia em jejum e na pressão arterial.[7]

Como a Dieta D.A.S.H. original foi desenvolvida na época em que dietas ricas em amido e pobres em gorduras eram tidas como benéficas, o amido tornou-se o centro da pesquisa. À medida que mais pesquisas, nos anos 2000, foram mostrando que poderia ser benéfico diminuir o consumo de amido, os pesquisadores da Dieta D.A.S.H. decidiram avaliar essa modificação.[8] Substituíram o amido por alimentos ricos em proteína ou gorduras monoinsaturadas (MUFAs) e avaliaram. Esse estudo foi feito sob o nome de "OMNI-Heart (Optimal Macro-NutrientIntake Heart) Trial".[9] Os resultados demonstraram que ambas as substituições (proteínas e MUFAs) foram melhores do que o padrão da Dieta D.A.S.H. original na redução das taxas de pressão arterial (principalmente em pessoas que sofriam de hipertensão) e em baixar as taxas de triglicerídeos. As pessoas que seguiam o plano alimentar com o nível mais alto de proteína relataram que a fome deles era menor do que aqueles que seguiam uma dieta rica em gordura ou amido. Esse fato não poderia ser explicado por diferenças nos níveis do hormônio que age sobre o apetite.[10]

Estudos sobre dietas pobres em carboidratos e perda de peso

Discutirei resumidamente alguns estudos que foram feitos com o propósito de demonstrar os efeitos negativos das dietas ricas em proteína e pobres em carboidratos. Um dos primeiros estudos foi, em parte, patrocinado pela Associação Americana do Coração, procurando desencorajar as pessoas a seguirem a dieta Atkins. Esse estudo, sob a direção de Bonnie Brehm, PhD, forneceu orientações para cerca de metade dos participantes sobre como seguir a dieta do estilo Atkins, enquanto os outros participantes seguiriam uma dieta menos calórica, com valor relativamente baixo de gordura.[11] Os participantes que seguiram o plano pobre em carboidratos perderam mais peso e gordura corporal. Ambos os grupos apresentaram marcadores de melhora semelhantes em se tratando de saúde do coração. Outro estudo parecido também encontrou maior perda de peso com um cardápio restrito em carboidratos, quando avaliados aos 3 e 6 meses do processo, mas com resultados comparáveis, por um ano, a uma dieta com baixo teor de gordura.[12] A maior parte dos marcadores relativos à saúde do coração e o controle de glicose foram melhorados de forma similar em ambos os grupos. Entretanto, no grupo que ingeriu uma dieta pobre em carboidratos, as taxas de HDL e triglicerídeos melhoraram de forma significativa.

Don Layman, PhD, professor emérito da Universidade de Illinois, dedicou grande parte de sua pesquisa ao entendimento das dietas ricas em proteínas e pobres em carboidratos. Seu estudo mostrou que elas são benéficas no que tange a uma perda de peso mais eficiente, ao mesmo tempo em que o coração se torna saudável, e a massa magra corporal é aumentada, fato associado a um metabolismo mais acelerado.[13] O Dr. Layman demonstrou que consumir uma quantidade maior de proteína, uma porção em torno de 125g por dia, melhora a composição corporal (redução da gordura contra a perda de massa muscular) durante a dieta, ou ajuda a preservar a massa muscular naquelas pessoas que estão se exercitando de forma moderada.[14]

Para as pessoas que carregam seu excesso de peso em torno da região do abdômen e/ou têm algum grau de resistência à insulina, a restrição de carboidratos é recomendada por muitos endocrinologistas.[15] Essa mudança parece ser benéfica, independentemente da perda de peso. É um conceito que contrasta grandemente com o aconselhamento dietético feito na década de 1990, quando as recomendações típicas para as pessoas com diabetes tipo 2 preconizavam que 55% das calorias ingeridas deveriam vir de carboidratos.

Benefícios adicionais da Dieta D.A.S.H.

Porque a Dieta D.A.S.H.se mostrou bastante saudável, muitos pesquisadores se interessaram em saber quais seriam os benefícios em longo prazo, seguindo a dieta. Há vários estudos em curso com pessoas seguindo o plano por longos períodos e tendo sua alimentação e histórico de saúde monitorados.

A Dieta do Coração

Muitos dos relatórios dos benefícios em longo prazo vêm desses estudos, especialmente do *Nurses' Health Study* (NHS) e do *Male Health Professionals Study* (MHPS), que monitoram seus participantes há mais de 20 anos.

Desses estudos, aprendemos que as pessoas que seguem a Dieta D.A.S.H. ao longo de suas vidas apresentam taxas menores de derrames, ataques cardíacos e falência cardíaca. Uma avaliação do NHS demonstrou que as mulheres que seguiam um padrão alimentar em conformidade com a Dieta D.A.S.H., depois de 24 anos de monitoramento, apresentaram taxas menores de doença cardíaca e derrames.[16] Um estudo que monitorou 39 mil homens com idades entre 45 e 79 anos, por sete anos, demonstrou que o risco de desenvolver falência cardíaca caía para 22% se eles tivessem um plano alimentar consistente com o da Dieta D.A.S.H.[17] Um estudo, em separado, monitorou o histórico de saúde de 36 mil mulheres por mais de sete anos e demonstrou que as mulheres que seguiram uma dieta alimentar com os princípios da Dieta D.A.S.H. estavam 37% menos propensas a desenvolverem falência cardíaca.[18]

O monitoramento de 40 mil homens por mais de 20 anos, no *Health Professionals Follow-Up Study*, demonstrou que os homens que seguiam um padrão alimentar em conformidade com a Dieta D.A.S.H. eram menos propensos a desenvolver diabetes do tipo 2.[19] Homens que eram mais pesados foram os mais propensos a verem os benefícios da redução do risco. Um estudo semelhante, com 37 mil mulheres, avaliou o efeito de dietas saudáveis, ricas em frutas, legumes e verduras e mostrou que a mudança de dieta reduziu o risco de diabetes do tipo 2 também entre elas.[20]

A Dieta D.A.S.H. também demonstrou preservar a função renal em mulheres com sinais precoces de problemas renais.[21] Além disso, o risco de desenvolver cálculos renais ficou 55%

menor em homens e mulheres que seguiam o padrão alimentar da Dieta D.A.S.H.[22] Esse estudo foi especialmente impactante, já que monitorou cerca de 46 mil homens por 18 anos e 196 mil mulheres de 14 a 18 anos. Essa redução do risco aconteceu, mesmo que as pessoas que seguem o padrão alimentar da Dieta D.A.S.H. consumam muito mais cálcio e ácido oxálico, o que, sabe-se há muito, é desencorajado para pessoas com histórico de cálculos renais.

Do NHS, aprendemos que as mulheres que seguem padrão alimentar da Dieta D.A.S.H. são menos propensas a desenvolver o receptor de estrogênio negativo (ER) para câncer de mama.[23] As taxas de câncer colorretal mostraram uma diminuição de 20% nas pessoas que seguem a Dieta D.A.S.H.[24]

Padrões alimentares que são ricos em alimentos à base de vegetais são conhecidos por serem ótimas fontes de antioxidantes. E um estudo realizado fora do grupo da Dieta D.A.S.H. original demonstrou que a dieta era muito mais efetiva em reduzir o estresse oxidativo da obesidade, que pode ser um fator que impulsiona a melhora na pressão arterial.[25] Um relatório do grupo DASH observou que eles eram capazes de reduzir os marcadores de estresse oxidativo e aumentar os anticorpos para o colesterol LDL oxidado em um de seus estudos.[26] A Dieta D.A.S.H. parece melhorar também a saúde dos ossos e tem sido associada a redução dos marcadores da remodelação óssea, o que está ligado com a osteoporose.[27]

Notas

1. Rationale and design of the Dietary Approaches to Stop Hypertension (DASH) Trial. A multicenter controlled-feeding study of dietary patterns to lower blood pressure. Sacks FM, Obarzanek E, Windhauser MM, Svetkey LP, Vollmer WM, McCullough M,

Karanja N, Lin PH, Steele P, Proschan MA, et al. *Annals of Epidemiology*. 1995 Mar;5(2):108–18.

2. A lista completa dos estados norte-americanos que compõem o "Cinturão do Derrame" (uma menção ao "Cinturão da Bíblia, conglomerado extremamente religioso de estados norte-americanos da mesma região). Esses estados são Alabama, Arkansas, Georgia, Indiana, Kentucky, Louisiana, Mississippi, Carolina do Norte, Carolina do Sul, Tennessee e Virginia. Disponível em: <http://www.nhlbi.nih.gov/health/prof/heart/other/sb–spec.pdf>. Acessado em: 6 de fevereiro de 2012.

3. A clinical trial of the effects of dietary patterns on blood pressure. *D.A.S.H.* Collaborative Research Group. Appel LJ, Moore TJ, Obarzanek E, Vollmer WM, Svetkey LP, Sacks FM, Bray GA, Vogt TM,Cutler JA, Windhauser MM, Lin PH, Karanja N. *New England Journal of Medicine*. 1997 Apr 17;336(16):1117–24.

4. Effects on blood pressure of reduced dietary sodium and the Dietary Approaches to Stop Hypertension (DASH) diet. DASH-Sodium Collaborative Research Group. Sacks FM, Svetkey LP, Vollmer WM, Appel LJ, Bray GA, Harsha D, Obarzanek E, Conlin PR, Miller ER 3rd, Simons-Morton DG, Karanja N, Lin PH. *New England Journal of Medicine*. 2001 Jan 4;344(1):3–10.

5. Effects of diet and sodium intake on blood pressure: subgroup analysis of the DASH-sodium trial. Vollmer WM, Sacks FM, Ard J, Appel LJ, Bray GA, Simons-Morton DG, Conlin PR, Svetkey LP, Erlinger TP, Moore TJ, Karanja N; DASH- Sodium Trial Collaborative Research Group. *Annals of Internal Medicine*. 2001 Dec 18;135(12):1019–28.

6. Effects on blood lipids of a blood pressure-lowering diet: the Dietary Approaches to Stop Hypertension (DASH) Trial. Obarzanek E, Sacks FM, Vollmer WM, Bray GA, Miller ER 3rd, Lin PH, Karanja NM, Most- Windhauser MM, Moore TJ, Swain JF, Bales CW, Proschan MA; DASH Research Group. *American Journal of Clinical Nutrition*. 2001 Jul;74(1):80–89.

7. Beneficial effects of a Dietary Approaches to Stop Hypertension eating plan on features of the metabolic syndrome. Azadbakht L, Mirmiran P, Esmaillzadeh A, Azizi T, Azizi F. *Diabetes Care.* 2005 Dec;28(12):2823–31.
8. Rationale and design of the Optimal Macro-Nutrient Intake Heart Trial to Prevent Heart Disease (OMNI-Heart). Carey VJ, Bishop L, Charleston J, Conlin P, Erlinger T, Laranjo N, McCarron P, Miller E, Rosner B, Swain J, Sacks FM, Appel LJ. *Clinical Trials.* 2005; 2(6):529–37.
9. Effects of protein, monounsaturated fat, and carbohydrate intake on blood pressure and serum lipids: results of the OmniHeart randomized trial. Appel LJ, Sacks FM, Carey VJ, Obarzanek E, Swain JF, Miller ER 3rd, Conlin PR, Erlinger TP, Rosner BA, Laranjo NM, Charleston J, McCarron P, Bishop LM; Omni Heart Collaborative Research Group. *Journal of the American Medical Association.* 2005 Nov 16;294(19):2455–64.
10. Associations between macronutrient intake and self-reported apetite and fasting levels of appetite hormones: results from the Optimal Macronutrient Intake Trial to Prevent Heart Disease. Beasley JM, Ange BA, Anderson CA, Miller ER 3rd, Erlinger TP, Holbrook JT, Sacks FM, Appel LJ. *American Journal of Epidemiology.* 2009 Apr 1;169(7):893–900.
11. A randomized trial comparing a very low carbohydrate diet and a calorie- restricted low fat diet on body weight and cardiovascular risk factors in healthy women. Brehm BJ, Seeley RJ, Daniels SR, D'Alessio DA. *Journal of Clinical Endocrinology and Metabolism.* 2003 Apr;88(4):1617–23.
12. A randomized trial of a low-carbohydrate diet for obesity. Foster GD, Wyatt HR, Hill JO, McGuckin BG, Brill C, Mohammed BS, Szapary PO, Rader DJ, Edman JS, Klein S. *New England Journal of Medicine.* 2003 May 22;348(21):2082–90.
13. A reduced ratio of dietary carbohydrate to protein improves body composition and blood lipid profiles during weight loss in adult women. Layman DK, Boileau RA, Erickson DJ, Painter

A DIETA DO CORAÇÃO

JE, Shiue H, Sather C, Christou DD. *Journal of Nutrition.* 2003 Feb;133(2):411–17.

14. Dietary protein and exercise have additive effects on body composition during weight loss in adult women. Layman DK, Evans E, Baum JI, Seyler J, Erickson DJ, Boileau RA. *Journal of Nutrition.* 2005 Aug;135(8):1903–10.

15. Carbohydrate restriction as the default treatment for type 2 diabetes and metabolic syndrome. Richard D. Feinman and Jeff S. Volek. *Scandinavian Cardiovascular Journal.* 2008 42:4, 256–63.

16. Adherence to a DASH- style diet and risk of coronary heart disease and stroke in women. Fung TT, Chiuve SE, McCullough ML, Rexrode KM, Logroscino G, Hu FB. *Archives of Internal Medicine.* 2008 Apr 14; 168(7):713-20. Erratum in: *Arch Intern Med.* 2008 Jun 23;168(12):1276.

17. Relation of consistency with the dietary approaches to stop hypertension diet and incidence of heart failure in men aged 45 to 79 years. Levitan EB, Wolk A, Mittleman MA. *American Journal of Cardiology.* 2009 Nov 15; 104 (10):1416–20.

18. Consistency with the DASH diet and incidence of heart failure. Levitan EB, Wolk A, Mittleman MA. *Archives of Internal Medicine.* 2009 May 11;169(9):851–57.

19. Diet- quality scores and the risk of type 2 diabetes in men. de Koning L, Chiuve SE, Fung TT, Willett WC, Rimm EB, Hu FB. *Diabetes Care.* 2011 May;34(5):1150–56.

20. Dietary patterns during adolescence and risk of type 2 diabetes in middle-aged women. Malik VS, Fung TT, van Dam RM, Rimm EB, Rosner B, Hu FB. *Diabetes Care.* 2012 Jan;35(1):12–18.

21. Association of dietary patterns with albuminuria and kidney function decline in older white women: a subgroup analysis from the Nurses' Health Study. Lin J, Fung TT, Hu FB, Curhan GC. *American Journal of Kidney Disease.* 2011 Feb;57(2):245–54.

22. DASH-style diet associates with reduced risk for kidney stones. Taylor EN, Fung TT, Curhan GC. *Journal of the American Society of Nephrology.* 2009 Oct;20(10):2253–59.

23. Low-carbohydrate diets, dietary approaches to stop hypertension-style diets, and the risk of postmenopausal breast cancer. Fung TT, Hu FB, Hankinson SE, Willett WC, Holmes MD. *American Journal of Epidemiology.* 2011 Sep 15;174(6):652-60. Epub 2011 Aug 10.

24. The Mediterranean and Dietary Approaches to Stop Hypertension (DASH) diets and colorectal cancer. Fung TT, Hu FB, Wu K, Chiuve SE, Fuchs CS, Giovannucci E. *American Journal of Clinical Nutrition.* 2010 Dec;92(6):1429-35.

25. DASH diet lowers blood pressure and lipid-induced oxidative stress in obesity. Lopes HF, Martin KL, Nashar K, Morrow JD, Goodfriend TL, Egan BM. *Hypertension.* 2003 Mar;41(3):422-30.

26. A dietary pattern that lowers oxidative stress increases antibodies to oxidized LDL: results from a randomized controlled feeding study. Miller ER 3rd, Erlinger TP, Sacks FM, Svetkey LP, Charleston J, Lin PH, Appel LJ. *Atherosclerosis.* 2005 Nov;183(1):175-82. Epub 2005 Apr 18.

27. The DASH diet may have beneficial effects on bone health. Doyle L, Cashman KD. *Nutrition Reviews.* 2004 May;62(5):215-20.

Parte IV

Preparando o terreno para o sucesso

CAPÍTULO 14

Indo ao supermercado, indo em busca da saúde

Pode parecer cansativo descobrir quais alimentos são saudáveis. Alguns rótulos com dados nutricionais são incompreensíveis. Alegações de que essa ou aquela comida é fonte de "grãos integrais", quando na verdade a porcentagem no produto é pequena. Baixo teor de gordura. Teor reduzido de gordura. E agora cadeias de supermercados estão entrando na briga com suas próprias definições de comida saudável.

Vamos ajudá-lo a entender os rótulos dos alimentos e as alegações sobre saúde. Depois, vamos orientá-lo sobre como fazer uma lista de compras e abastecer sua despensa, o que é muito fácil com a Dieta D.A.S.H. Junte algumas recomendações de receitas aceitáveis na dieta e seus livros de receitas favoritos e você estará no caminho para ser mais saudável pelo resto da vida.

A Dieta do Coração

Como compreender rótulos de alimentos, alegações sobre saúde e nutrientes

IOGURTE NATURAL INTEGRAL

Informação Nutricional
Porção de 200 g (1 unidade)

Quantidade por porção	%VD	
Valor energético	126 kcal = 529 KJ	6%
Carboidratos	9,1g	3%
Proteínas	6,8 g	9%
Gorduras totais	7,0 g	13%
Gorduras saturadas	4,4 g	20%
Gorduras trans	não contém	**
Fibra alimentar	0 g	0%
Sódio	97 mg	4%
Cálcio	247 mg	25%

*Valores diários de referência com base em uma dieta de 2.000kcal ou 8.400kj. Seus valores diários podem ser maiores ou menores dependendo de suas necessidades energéticas.
**VD não estabelecido.

Os rótulos nutricionais foram desenvolvidos para ajudar as pessoas a evitarem alimentos menos saudáveis e escolherem aqueles com nutrientes importantes. No entanto, nem todas as pessoas são nutricionistas e entendem todos os itens e valores. Quem vai até o supermercado com uma calculadora para ver qual alimento cabe em sua dieta diária? Sempre que me perguntam o que as pessoas devem procurar nos rótulos nutricionais, respondo: "Escolha a maior parte dos alimentos sem rótulos." O que isso significa? Frutas frescas, legumes e verduras não têm rótulos. Peixes frescos, aves e carnes não têm rótulos. Todos são comidas não processadas que cabem em uma dieta saudável. Indo um pouco mais além, incluir alimentos relativamente não processados, como leite, iogurte, vegetais congelados e frutas sem aditivos forma uma boa base para uma dieta saudável. Somente quando você consome muitos alimentos processados (o que não recomendamos neste plano) é que os rótulos nutricionais se tornam importantes.

Muitas das alternativas de rótulos de comida "saudável" podem ser confusas e não corresponderem com as recomendações da Dieta D.A.S.H. Por exemplo, alguns alimentos ricos em açúcares que se dizem saudáveis porque têm um pouco de grãos integrais em sua composição. Contudo, provavelmente não são algo que você escolheria para sua dieta. Este capítulo o ajudará a fazer boas escolhas de comidas saudáveis para a Dieta D.A.S.H.

Em defesa dos rótulos nutricionais, muitos nutrientes que são listados podem ajudar as pessoas a reduzirem o risco de desenvolver, ou ajudá-las a controlar, doenças e problemas de saúde comuns, como doenças do coração, hipertensão, diabetes e obesidade. Os nutrientes principais incluem: calorias, gorduras totais, gorduras saturadas, colesterol, sódio, carboidratos e proteínas. A quantidade de gordura trans também é indicada, podendo ser omitida quando é inferior a 0,2g por porção. Entretanto, é necessário ter cuidado com essa pequena quantidade não referida no rótulo, pois o consumidor pode acabar exagerando na ingestão desse tipo de gordura caso consuma muitas porções do alimento. Por isso, o ideal é buscar no rótulo o termo gordura vegetal hidrogenada, que indica que o alimento possui alguma quantidade de gordura trans, Nas seções a seguir, explicarei os componentes dos rótulos.

A Dieta do Coração

Porções

Primeiro, você precisa saber qual é a porção de alimento. Nesse exemplo (iogurte integral), a porção corresponde a 200g, que é o total da embalagem. Se houver mais de uma porção na mesma embalagem, o rótulo nutricional o ajudará a ver o quanto você irá ingerir de nutrientes por porção. Por exemplo, um saco de pipoca para micro-ondas pode ter duas ou três porções. Você precisa se certificar do tamanho da porção à qual as calorias e os nutrientes se referem.

Em geral, para pacotes com várias porções, há um padrão. Entretanto, isso fica um pouco confuso quando comparamos embalagens de porções únicas, mas de diferentes tamanhos. Por exemplo, a porção padrão de batata frita corresponde a 30g. Contudo, se você tem um pacote de 15g de batata frita, esta será a porção da embalagem. Para 45g, o tamanho da embalagem corresponde ao total em gramas, presumindo que você consumirá todo o pacote.

Cereais são os alimentos mais complicados de se medir uma porção. A porção padrão corresponde a 30g em peso, mas o volume pode ir de ¼ de xícara a 1¼ xícara. E, quando se trata de algum cereal muito denso, a porção equivale a ½ xícara, o que dá 60g, ou 2 porções na Dieta D.A.S.H. É muito importante averiguar a porção servida e como ela se compara com o tamanho que você deseja estando no programa Dieta D.A.S.H.

Total de calorias e de gordura

O total de calorias corresponde ao tamanho da porção. A gordura é o nutriente de maior densidade energética, ou seja, o que mais contribui para o aumento do valor calórico de um alimento. Alimentos ricos em calorias e sem valores significativos de vitaminas, minerais ou proteína são considerados mais pobres em relação à densidade de nutrientes. Contribuem com

MARLA HELLER

calorias, mas não têm muito valor nutricional. Evite exagerar no consumo de alimentos que possuem um alto %VD de gordura e os que possuem mais de 5g de gordura saturada em cada 100g. Se alguém tem uma dieta muito rica em amido ou gordura, é possível que esteja atingindo o total de calorias adequado, mas ainda assim esteja desnutrido. Como na Dieta D.A.S.H. nós realmente cortamos os amidos refinados, é provável que você tenha que se preocupar menos com isso. Alimentos de verdade tendem a ter muito mais nutrientes!

Composição nutricional

A quantidade em gramas de vários nutrientes por porção e os valores percentuais diários podem, muitas vezes, ser bastante confusos. Muitas pessoas olham para o percentual e acreditam que ele representa a quantidade do nutriente no alimento. Usando o exemplo dado, o iogurte, os 7g de gorduras totais representam 13% do necessário para um dia, com base em uma dieta de 2 mil calorias (2.000kcal). É importante, para controlar o colesterol, escolher alimentos que sejam pobres em gorduras saturadas e trans. E as nossas recomendações alimentares na Dieta D.A.S.H. são compatíveis com isso, e você não precisa gastar muito tempo decifrando os rótulos ou usando uma calculadora.

O sódio também é listado nesta seção. Você, obviamente, deve limitar o sódio e escolher alimentos que são ricos em potássio. No entanto, mais uma vez, muitos dos alimentos ricos em potássio não terão rótulos. Peixe, carne, frutas, legumes e verduras são todos ótimas fontes desse nutriente. Laticínios terão um rótulo, e também são ricos em potássio. Sim, também possuem sódio em sua composição natural, mas o benefício direto do leite e do iogurte reflete na saúde. A maioria dos queijos é rica em sódio adicionado. O sal é frequentemente adicionado para acelerar a maturação dos queijos. Versões com baixo teor de sódio podem apresentar um sabor melhor, pois maturam mais lentamente. Ao escolher o queijo, compare as marcas e opte pelas que possuem menor teor de sódio. Se você escolher a versão light, além de pouco sódio, esta apresentará teor reduzido de gordura saturada.

Na seção de carboidratos, você encontrará os valores totais. O carboidrato é principalmente amido, que procuramos diminuir na Dieta D.A.S.H. A quantidade de fibras também é importante. É recomendável observar os rótulos dos alimentos e escolher aquelas marcas que apresentam maior teor de fibras por porção. Além disso, nós definitivamente preferimos grãos integrais e não incluímos muitos alimentos chamados de "calorias vazias" ou amidos refinados.

Os fabricantes podem listar vitaminas e minerais adicionais, se quiserem.

Ingredientes

Outro requisito para os rótulos dos alimentos é que eles devem incluir uma lista de ingredientes. Se você está preocupado com o colesterol, diminua o consumo de alimentos que contenham gorduras hidrogenadas ou parcialmente hidrogenadas. E, agora, vários desses ingredientes foram substituídos por óleo de coco, de palma ou óleo de palmiste. Queremos evitar esses óleos, pois são muito ricos em gorduras saturadas. Uma vez que eles podem ser usados em alimentos processados ou ricos em amido, não devemos ter muitos deles em sua dieta.

A lista de ingredientes é outro modo de checar quanto de açúcar foi adicionado ao alimento. Alguns dos termos que indicam açúcares são: xarope de milho rico em frutose, suco de uva (ou de outras frutas), agave, xarope de milho, mel, melaços, dextrose, frutose e lactose.

Uma vez que os ingredientes devem ser listados em ordem de peso (do maior para o menor), ter muitas fontes de açúcar pode ajudar o fabricante a disfarçar o peso do açúcar na fórmula geral do produto. Como não é obrigatório informar a quantidade de açúcar, é importante observar a ordem em que esse elemento aparece na lista de ingredientes. Se estiver entre os três primeiros, significa que está em grande quantidade. Outros ingredientes também são indicadores da quantidade de açúcar, como: glicose, xarope de glicose e maltodextrina. Muitos alimentos saudáveis da Dieta D.A.S.H. contêm naturalmente açúcares (tais como frutas, iogurte e leite) e não devem ser evitados, a menos que contenham açúcares adicionados. Novamente, leia a lista de ingredientes para ver se foram adicionados açúcares e calorias para comparar alimentos semelhantes. Escolher nossos novos alimentos da Dieta D.A.S.H., que são menos processados, ajudará a evitar os açúcares adicionados, sem ter que pensar muito sobre o assunto.

Faça sua lista para tornar o plano mais fácil de seguir

Em cada seção que introduziu as fases da Dieta D.A.S.H., encontramos listas de alimentos para comprar e estocar na despensa. Isso, com certeza, torna muito mais fácil entrar e permanecer na linha, já que você tem todos os alimentos certos à mão. Elas preparam o terreno para o sucesso. Você se verá como alguém que consegue definir metas e mantê-las, quando facilita o trabalho para si mesmo.

Os alimentos-chave da Dieta D.A.S.H. são frutas, vegetais, laticínios desnatados ou com baixo teor de gordura, oleaginosas e feijões, carnes magras, peixes e aves. Manter esses alimentos à mão facilitará sua permanência no programa. Se, em vez disso, mantiver doces, batatas fritas, biscoitos e sorvete em sua casa, você se sentirá tentado a comer os alimentos errados. A comida existente em sua cozinha e no seu trabalho determinará o que você vai comer. É melhor que você tenha alimentos à mão para fazer uma refeição de última hora que o mantenha no programa da Dieta D.A.S.H.

Vamos olhar pelo lado familiar. Muitas vezes, mães e pais mantêm grandes quantidades de *junkfood* por perto para as "crianças". Mas, na verdade, são as mães e pais que estão comendo a maior parte dessa comida, não as crianças. Muitas vezes, sugerirei que as pessoas mantenham uma bandeja de frutas frescas e vegetais picados e prontos para consumo no refrigerador para facilitar o acesso a lanches saudáveis. E, em seguida, os pais dizem que esses lanches desaparecem antes que eles cheguem em casa, vindos do trabalho. Sim, as crianças vão mesmo comer os lanches saudáveis se eles estiverem prontos. Eu lhe darei outro exemplo: minha cunhada sempre reclamava quando eu levava frutas frescas e legumes para suas festas para assistirmos ao Super Bowl (final do campeonato de futebol americano). Ela é do tipo que deixa os alimentos gordurosos, fritos, para a "ocasião especial". O marido, por outro lado, continuou a se surpreender com as crianças, que comiam 100% das frutas, legumes e verduras, enquanto as bandejas de batatas e asinhas de frango fritas ainda estavam sobre a mesa. Se você servir alimentos saudáveis, as crianças comerão. Esse é um dos benefícios de seguir este plano. Ele torna toda a sua família saudável.

Vamos ao passo a passo.

Estoque

Você desejará estocar em seus armários e refrigerador alimentos básicos que permitem que você faça uma variedade de refeições sem ter que correr para o supermercado todos os dias (a menos, é claro, que goste de fazer isso). As listas a seguir fornecerão uma base para facilitar o cumprimento deste plano a cada dia. Sem os alimentos certos à mão, você sairá da linha com facilidade. Mas se tiver os itens essenciais, será fácil seguir esta dieta.

Fazendo escolhas excelentes com a Dieta D.A.S.H.

Frutas, legumes e verduras

Frutas, legumes e verduras são fontes importantes de vitamina C, ácido fólico, potássio e várias outras vitaminas e minerais. Os fitoquímicos (*fito* significa planta) que produzem cor, cheiro e sabor trazem benefícios especiais à saúde, melhorando certas condições e reduzindo o risco de muitos tipos de câncer. Esses alimentos são ricos em água, o que provoca saciedade, mesmo sendo pobres em calorias. Um pedaço pequeno de fruta terá, no geral, cerca de 60 calorias, sobretudo vindas do açúcar da fruta. Meia xícara de vegetais pobres em amido cozidos terá cerca de 25 calorias. Os ricos em amido (principalmente batata e abóbora) terão mais calorias, cerca de 60 por ½ xícara.

O milho, que é amido, também é tecnicamente um grão, mesmo que o comamos como se fosse um vegetal. E ½ xícara dele contém cerca de 80 calorias.

Frutas, legumes e verduras contêm fibras solúveis e insolúveis. Como você deve se lembrar, as fibras solúveis são aquelas que absorvem as gorduras e o colesterol em seu trato digestivo. As frutas vermelhas, ameixas, pêssegos, peras e maçãs são algumas fontes boas. A fibra insolúvel é mais "grosseira", o que nos torna mais "regulares" quanto à evacuação. A maioria das frutas, dos legumes e das verduras é boa fonte dessas fibras. Ambos os tipos são bons para o nosso sistema digestivo. A fibra também diminui a probabilidade de ocorrer picos de açúcar no sangue e nos ajuda a ficar satisfeitos por mais tempo, depois das refeições.

Todos ouvimos que as cenouras são boas para os nossos olhos. Mas você sabia que há vários tipos de químicos vindos das frutas, dos legumes e das verduras que promovem a saúde? Não queremos aborrecê-lo com detalhes em excesso, já que nosso foco é em comidas integrais, mais do que em suas partes. Dito isso, a maioria dos químicos produtores de cor nos alimentos são antioxidantes. Bons exemplos incluem os carotenos, como o betacaroteno, que dá a cor laranja às cenouras, e o licopeno, que dá o tom vermelho aos tomates. Antocianinas também são antioxidantes poderosos e dão os tons vermelho-azulado, quase roxo, de alguns alimentos. Em geral, quanto mais cores em seu prato, mais saudável será a refeição. Elas são realmente boas escolhas. Ter uma variedade de vegetais e frutas em um prato o ajuda a ter certeza de que está consumindo mais tipos de nutrientes e recebendo vários benefícios para a saúde.

Grãos integrais

Todos sabemos que os grãos integrais são mais saudáveis do que os refinados. Durante o processo de refinação, muitas das vitaminas e minerais importantes se perdem. Os grãos refinados são enriquecidos com algumas vitaminas do complexo B e ferro, mas não com as mesmas vitaminas ou sais minerais eliminados no processo de refinamento. A maioria dos grãos é uma fonte maravilhosa de fibras insolúveis, enquanto aveia e cevada também têm grandes quantidades de fibra solúvel (funcional).

Uma observação: se você fizer bolos ou pães com a farinha de trigo integral, guarde-a em um lugar frio ou refrigerado. Grãos integrais são suscetíveis a ficar rançosos e devem ser mantidos em local fresco, caso não planeje usá-los rapidamente.

Oleaginosas, feijões e sementes

Voltando para a década de 1990, quando a gordura foi chamada de "ruim", deixamos de aproveitar o que havia de bom nelas. Nem todas as gorduras trazem problemas, e as oleaginosas e sementes são, com certeza, fontes maravilhosas de todos os tipos de nutrientes, incluindo gorduras saudáveis para o coração. Coma-as junto com uma proteína, e você também terá uma ferramenta poderosa para saciar a fome. Oleaginosas e sementes são ricas em fibras, vitaminas e minerais, tais como potássio e magnésio.

Feijões, é claro, são ricos em fibras, especialmente do tipo solúvel. Eles contêm um pouco mais de amido do que uma porção de grãos, aproximadamente a mesma quantidade de proteínas encontrada em 30g de carne cozida, com pouca ou sem gordura e algumas vitaminas e minerais importantes, como ferro e zinco.

Laticínios com baixo teor de gorduras ou desnatados

Laticínios são um dos alimentos-chave da Dieta D.A.S.H. Quando o primeiro estudo foi feito, um dos três grupos de teste seguiu uma dieta com quantidades extras de frutas, legumes e verduras, sem adicionar nenhum laticínio a mais. Eles não notaram o efeito da redução da pressão arterial do plano completo da Dieta D.A.S.H. O problema principal com os laticínios tem sido a nata do leite, que é rica em gorduras saturadas, que, por sua vez, está associada ao risco de diabetes e inflamações e fornece a base para a formação do colesterol. Escolher laticínios com teor de gordura reduzido ou desnatados o ajudará a evitar problemas. Suas melhores escolhas são leite e iogurte desnatados ou pobres em gordura, e queijos com 0% de gordura. Encontrei poucas pessoas que realmente gostam de queijos sem gordura, mas se você não é uma delas, escolha os do tipo light *ou* com 0% de gordura. Ao comer fora, é possível que você não tenha essas opções, então, tenha-as em casa para quando precisar. E queijos têm níveis bem baixos de lactose.

O iogurte desnatado é muito bom. Se você está controlando o consumo de calorias, escolha aqueles com pouco ou sem nenhum açúcar adicionado. Os rótulos nutricionais dos iogurtes podem ser confusos quanto à quantidade de açúcar devido ao açúcar do leite (e você deve saber que a maior parte desse açúcar é convertida em ácido lático nos iogurtes, embora os rótulos não esclareçam isso). Escolha iogurtes com menos de 120 calorias por porções de 180g a 240g. Como um benefício adicional, a maioria das pessoas com intolerância à lactose consegue lidar bem com o iogurte. Se você é sensível à lactose ou às proteínas do leite, pode escolher substitutos para os laticínios. Tome cuidado para escolher produtos com os níveis de cálcio e vitamina D iguais aos substituídos.

Se você é intolerante à lactose, pode encontrar leite sem lactose ou tomar enzimas digestivas de lactose para reduzir o efeito desse açúcar em seu organismo. Veja o Apêndice A para mais informações.

O que é melhor, manteiga ou margarina? Uma margarina leve, que não contenha gorduras trans é sua melhor escolha. Outro bom critério de seleção é procurar margarinas com fitosteróis, que ajudam a reduzir os níveis de colesterol, o que pode ser uma vantagem adicional. Para um assado especial ou para cozinhar, você pode, de vez em quando, usar manteiga, desde que utilize em poucas ocasiões e pequenas quantidades. Escolho manteiga para refeições especiais por seu sabor, mas raramente uso qualquer margarina ou manteiga como parte da minha dieta rotineira.

Carnes magras, peixes e aves

Para os não vegetarianos, carnes magras, peixes e aves podem ser grandes fontes de proteínas, desde que não escolhamos aqueles ricos em gorduras saturadas ou sódio adicionado.

Quando a relação entre doenças cardíacas e colesterol foi descoberta, todos nos orientaram a diminuir nosso consumo de carne vermelha e laticínios ricos em gordura. As pessoas substituíram o leite pelo refrigerante, que foi uma ideia muito ruim, por todos os motivos, mas, sobretudo, para a saúde de nossos ossos. E cortaram a carne vermelha, mas depois se cansaram do "mesmo franguinho de sempre". A boa notícia é que hoje não temos que cortar esses alimentos, porque existem opções mais saudáveis. Podemos incluir carne vermelha e laticínios com baixo teor de gordura junto ao consumo de aves, peixes, e fontes de proteína vegetal.

Ao escolher carne bovina ou de porco, escolha lombo, lombinho, alcatra ou coxão duro, coxão mole, patinho, lagarto ou músculo.

Lombo de porco apresenta um teor de gordura e calorias ainda mais baixo do que o um peito de frango desossado e sem pele. E, claro, a carne bovina apresenta alto teor de gordura saturada. Já os restaurantes tendem a servir os cortes mais gordos. Os frutos do mar podem ser uma escolha melhor para quando você for jantar fora (presumindo que eles não estejam nadando em um mar de manteiga). E, claro, frango sem pele e peru são pobres em gordura saturada.

A Dieta do Coração

Tratando-se de carne moída, a melhor opção é o patinho, pois quase se iguala ao peito de frango em quantidade de gorduras e calorias. Haverá pouca ou nenhuma gordura aparente, o que é um bom sinal. Observe se estiver comprando frango ou peru moídos. Frequentemente, a pele e a gordura são adicionadas junto com esses tipos de carne, o que tornarão essas escolhas muito mais ricas em gordura saturada do que a carne bovina.

A chamada carne escura das aves (a carne que não é a do peito) está se tornando popular novamente, pois é mais saborosa e macia do que a carne branca. Também é mais rica em gorduras monoinsaturadas, então, coxas de frango e seus pés podem ser uma adição muito saborosa às suas opções de aves.

Frutos do mar são, em sua maioria, muito pobres em gordura e, mais do que isso, são extremamente ricos em gorduras saudáveis, como os ômega 3. Bons exemplos incluem salmão, atum, sardinha e peixe-espada. Aqueles com baixo teor de gordura, incluindo camarão e outros crustáceos, também apresentam poucas calorias e são uma ótima maneira de trazer variedade para as suas refeições. Surpreendentemente, mesmo os mariscos, ricos em colesterol, podem ser uma escolha saudável para o coração, já que apresentam valor baixo de gorduras totais e são praticamente livres de gordura saturada. Mesmo peixes mais gordurosos ainda são mais magros, quando comparados com carnes e aves.

Além de proteínas e de gorduras, as carnes são excelentes fontes de muitos nutrientes extras, tais como vitaminas e minerais. Por exemplo, a carne vermelha é muito rica em zinco, vitaminas B12 e B6 e ferro.

Gorduras saudáveis para o coração

As gorduras que gostaríamos de ter em nossas dietas incluem as monoinsaturadas e as poli-insaturadas de cadeia longa especiais, conhecidas como ácidos graxos ômega 3 (encontradas em algumas oleaginosas e alguns peixes). As que podemos tirar da dieta são as saturadas, trans e, surpreendentemente, a maior parte das poli-insaturadas.

Sabemos que a gordura saturada está associada com o aumento da produção de colesterol, mas é menos difundido que o excesso de carboidrato tende a agravar essa situação. Assim, a Dieta D.A.S.H. o ajudará a manter o colesterol sob controle, afetando ambos os fatores que contribuem para seu aumento. Quando a recomendação para reduzir a gordura saturada surgiu pela primeira vez, foi acompanhada de uma recomendação para substituí-la por gorduras poli-insaturadas, como as encontradas nos óleos de milho ou de soja. Agora, esses óleos, que são ricos em ácidos graxos ômega 6, são considerados menos saudáveis, quando utilizados em quantidades elevadas. As gorduras ômega 6 estão associados ao aumento do risco de doenças cardíacas, depressão, doenças autoimunes e inflamações. As gorduras monoinsaturadas benéficas, encontradas no azeite de oliva e no óleo de canola, estão associadas a menores índices de doenças cardíacas e de alguns tipos de câncer, assim como as gorduras ômega 3, encontradas em frutos do mar e alguns tipos de oleaginosas, como as nozes.

Escolhas saudáveis para o coração incluem azeite de oliva, óleos de canola, de amendoim, e, em menor quantidade, de milho, de soja, e óleo de cártamo. O óleo de amendoim é uma ótima opção para cozimento em altas temperaturas, tais como refogados, uma vez que é rico em gorduras monoinsaturadas, mas tem um ponto de saturação mais elevado do que o do azeite de oliva. Ou seja, ele aguentará temperaturas de cozimento mais altas sem produzir a fumaça tóxica dos óleos com pontos inferiores de saturação.

O óleo de coco, palma e de palmiste são fontes vegetais de gordura saturada. O primeiro pode ser encontrado na pipoca, especialmente a doce, vendida no comércio. E, agora, todas essas gorduras são encontradas, com frequência, em biscoitos, bolachas e outros doces, tortas e assados, produtos nos quais os fabricantes substituíram por esses óleos grande parte das gorduras trans. Mesmo que muitos os tenham removido de seus produtos, você ainda precisa tomar cuidado e evitar as gorduras hidrogenadas ou parcialmente hidrogenadas, que são as fontes de gorduras trans.

Alimentos que devem estar em sua lista de supermercado

Os alimentos a seguir são algumas sugestões para ajudá-lo a estocar sua despensa com alimentos compatíveis com a Dieta D.A.S.H.

Alimentos enlatados, secos, óleos e molhos

- Tomate pelado sem sal adicionado.
- Molho de tomate sem sal adicionado.
- Extrato de tomate sem sal adicionado.
- Feijões.
- Lentilhas.
- Atum em lata, conservado em água, com baixo teor de sódio.
- Salmão em lata com baixo teor de sódio.
- Azeite de oliva extravirgem.
- Óleo de amendoim.
- Óleo de canola.
- Molhos para salada.
- Mostarda.
- Aveia sem adição de açúcar.
- Cereais ricos em grãos integrais, sem adição de açúcar.
- Pães integrais, incluindo as variedades light.
- Oleaginosas, de preferência sem sal.

Temperos e ervas

- Cebola.
- Alho.
- Cebolinha.
- Ervas frescas.
- Temperos secos, incluindo: manjericão, orégano, salsa em flocos, tomilho, manjerona, alecrim, gengibre, tempero para aves, sálvia, cebola e alho em pó, pimenta-malagueta em pó.
- Substitutos para o sal, incluindo *lemon pepper.*

Congelados

- Vegetais individuais ou misturas, sem molho.
- *Frozen yogurt*, sem adição de açúcar.
- Frutas congeladas.

Itens refrigerados

- Suco de limão.
- Suco de lima.
- Embutidos com baixo teor de sódio, fatiados.
- Queijo com baixo teor de sódio e gorduras.

Alimentos frescos no supermercado e nas feiras livres

- Alfaces e outros vegetais folhosos.
- Cenouras fatiadas ou raladas.
- Tomates do tipo cereja, uva ou outros.
- Salada de repolho.
- Salada de brócolis.
- Rabanete.
- Pimentões.
- Couve-flor.
- Repolho-roxo.

- Pepino.
- Beterraba.
- Frutas frescas.

Açougue e peixaria

- Carnes magras e aves (ver tabela nas páginas 185 e 186).
- Peixes frescos (ver tabela na página 187).

Laticínios

- Queijos light ou 0% de gordura: cheddar, queijo suíço, muçarela — fatiados ou ralados.
- Queijos embalados individualmente, tais como queijinhos pasteurizados em tabletes e queijo cottage, com baixo teor de gordura.
- Iogurte desnatado adoçado artificialmente.
- Leite desnatado.
- Ovos comuns e/ou enriquecidos com ômega 3.

Equipamentos

Ter os equipamentos certos facilitará a sua vida, gostando você de cozinhar ou não querendo passar muito tempo nessa atividade.

- Grill, que permite a preparação rápida de carnes magras, peixes e aves. As versões mais recentes têm grades removíveis, o que facilita a limpeza.
- Forno elétrico, ótimo para preparar pequenas refeições ou reaquecer algumas sobras.
- Micro-ondas, uma ótima alternativa para aquecer refeições ou preparar ovos mexidos rapidamente.
- Liquidificador, para ajudar a fazer purê de vegetais, sopas, molhos e frutas batidas com leite.
- Balança digital de cozinha, que ajuda a evitar a "distorção de porções".

- Processador de alimentos, para facilitar o corte dos legumes.
- Mandoline ou cortador em V, também para facilitar o corte dos legumes, sendo ainda mais rápido que o processador e mais prático de limpar.
- Termômetro digital para cozinha, para informar quando a carne está cozida corretamente e quando as sobras estão aquecidas o bastante (a 70°C).
- Facas bem afiadas, sem serra, tornam mais fácil o corte dos vegetais. As lâminas mais finas cortam mais facilmente os vegetais maiores.

Fazendo boas escolhas de carnes, peixes e aves

Calorias e gorduras em 90g de carne bovina cozida

	Calorias	Gordura (g)	Gordura saturada (g)	Colesterol (mg)
Miolo de alcatra grelhado ou assado	153	4,2	1,4	71
Lagarto assado	143	4,2	1,5	59
Paleta assada	136	4,7	1,6	54
Coxão mole grelhado	147	5,7	1,8	60
Filé de paleta grelhado	161	6	1,9	80
Filé mignon grelhado	166	6,1	2,4	76
Maminha grelhada	161	6,3	2,1	66
Filé de picanha grelhado	176	8	3,1	65
Contrafilé grelhado	175	8,1	3	71
Bife *T-Bone* grelhado	172	8,2	3	48
Maminha assada	177	8,2	3	70
New York Strip (contrafilé)	161	6	2,3	56
Patinho moído, feito sem adição de óleo	133	4,5	2,2	56

Calorias e gorduras em 90g de carne de porco cozida

	Calorias	Gordura (g)	Gordura saturada (g)	Colesterol (mg)
Lombinho assado	140	4	1	65
Picanha assada	170	6	2	65
Filé de picanha grelhado	170	7	2	70
Miolo de lombo grelhado	170	7	3	70
Lombo assado	180	9	3	75
Presunto magro assado (tender)	145	5,5	1,8	53

Calorias e gorduras em 90g de carne de ave cozida

	Calorias	Gordura (g)	Gordura saturada (g)	Colesterol (mg)
Peito de frango com pele assado	167	6,6	1,9	71
Peito de frango sem pele assado	140	3	0,9	72
Coxa de frango assada com pele	210	13,2	3,7	79
Coxa de frango assada sem pele	178	9,2	2,6	81
Peito de peru sem pele assado	115	0,6	0,2	71
Peru inteiro assado com pele	146	4,9	1,4	89
Carne moída de peru cozida	200	11,2	2,9	87
Peito de peru moído e cozido	98	3,8	1,0	44

Calorias e gorduras em 90g de peixes
e frutos do mar cozidos

	Calorias	Gordura (g)	Gordura saturada (g)	Colesterol (mg)
Caranguejo azul	100	1	0	90
Bagre	140	9	2	50
Marisco (porção com 12 unidades pequenas)	100	1,5	0	55
Bacalhau	90	0,5	0	45
Linguado	100	1,5	0,5	60
Hadoque	100	1	0	80
Halibute	110	2	0	35
Lagosta	80	0	0	60
Cavala	210	13	1,5	60
Peixe-vermelho	110	2	0	50
Peixe-relógio	80	1	0	20
Ostras (porção de 12 unidades médias)	100	3,5	1	115
Badejo-do-Alasca	90	1	0	80
Truta arco-íris	140	6	2	60
Robalo	100	2	0	40
Salmão-do-Pacífico	160	7	1	50
Salmão-rosado	130	4	1	70
Salmão-selvagem	180	9	1,5	75
Vieiras (6 grandes ou 14 pequenas)	120	1	0	55
Camarão	80	1	0	165
Peixe-espada	130	4,5	1	40
Atum enlatado, conservado em água	116	0,8	0,2	30
Peixe-branco	172	7,5	1,2	77

A DIETA DO CORAÇÃO

Quantidade de ácidos graxos ômega 3
em peixes e frutos do mar

	EPA (g)	DHA (g)
Óleo de fígado de bacalhau (1 colher de sopa)	1	1,5
Cavala (115g)	0,9	1,4
Salmão (115g)	0,8	0,6
Arenque (115g)	0,7	0,9
Anchova (115g)	0,5	0,9
Atum (115g)	0,3	0,9
Peixe-espada (115g)	0,1	0,5

EPA = ácido eicosapentaenoico e DHA = ácido docosa-hexaenóico.

CAPÍTULO 15

Fazendo da Dieta D.A.S.H. um hábito

Um estudo recente mostrou que adquirir um bom hábito pode levar a outros hábitos saudáveis, sem que pensemos muito sobre isso. Para pessoas interessadas em perder peso, foi mais eficiente o monitoramento do que era ingerido do que ter um médico intimando-as a se alimentarem melhor. Por que o monitoramento funciona? Porque, quando as pessoas começaram a anotar o que ingeriam, tornaram-se mais conscientes de suas ações.

Então, o que seria ótimo para ajudar a adotar os padrões de comportamento da Dieta D.A.S.H.? O monitoramento. Manter o controle de suas ações. Isso o levará a ter mais autocontrole. Se comer mal e, no dia seguinte, seu peso e sua pressão arterial aumentarem, talvez haja uma conexão. Mas você será o único a ligar uma coisa à outra. E ninguém mais fará isso. (Tenho mais um hábito secreto que será a chave para a sua mudança de dieta. Encha metade de seu prato com vegetais; sem amido. Simples assim.)

Formulário de checagem das porções da Dieta D.A.S.H.

Grupos alimentares	Segunda-feira	Terça-feira	Quarta-feira	Quinta-feira	Sexta-feira	Sábado	Domingo
Grãos, amidos 1 fatia de pão; 1/3 de xíc. de macarrão cozido, arroz; ½ xíc. de cereal cozido, milho, batata, 30g de cereal, meio bolinho, pão de hambúrguer, 2 xíc. de pipoca, 2 biscoitos pequenos, ½ unidade de pão francês	☐☐☐☐☐☐ ☐☐☐☐☐☐	☐☐☐☐☐☐ ☐☐☐☐☐☐	☐☐☐☐☐☐ ☐☐☐☐☐☐	☐☐☐☐☐☐ ☐☐☐☐☐☐	☐☐☐☐☐☐ ☐☐☐☐☐☐	☐☐☐☐ ☐☐☐☐ ☐☐☐☐ ☐☐	☐☐☐☐ ☐☐☐☐ ☐☐☐☐ ☐☐
Frutas 120ml de suco, 1 fruta pequena, ¼ de xíc. de frutas secas, ½ xíc. de compota de fruta, 1 xíc. de fruta picada	☐☐☐☐☐☐	☐☐☐☐☐☐	☐☐☐☐☐☐	☐☐☐☐☐☐	☐☐☐☐☐☐	☐☐☐☐	☐☐☐☐
Vegetais ½ xíc. de vegetais cozidos, 1 xíc. de folhas, 180ml de suco de vegetais	☐☐☐☐☐☐	☐☐☐☐☐☐	☐☐☐☐☐☐	☐☐☐☐☐☐	☐☐☐☐☐☐	☐☐☐☐	☐☐☐☐
Laticínios desnatados ou com baixo teor de gordura 240ml de leite desnatado, 240ml de iogurte desnatado ou com baixo teor de gordura, 30g de queijo light, ½ xíc. de queijo cottage light	☐☐☐☐☐☐	☐☐☐☐☐☐	☐☐☐☐☐☐	☐☐☐☐☐☐	☐☐☐☐☐☐	☐☐☐☐	☐☐☐☐

Feijões, oleaginosas e sementes ¼ de xíc. de feijões, oleaginosas e sementes, 2 colheres de sopa de manteiga de amendoim	□□□□□□	□□□□□□	□□□□□□	□□□□□□	□□□□□□	□□□□□□
Carnes magras, peixes, aves, ovos, substitutos à base de soja cada □ = porção de 30g 1 ovo ou 2 claras de ovos = 30g	□□□□□□	□□□□□□	□□□□□□	□□□□□□	□□□□□□	□□□□□□
Gordura, molhos gordurosos 1 colher de sopa de molho para salada, manteiga ou azeite	□□□□□□	□□□□□□	□□□□□□	□□□□□□	□□□□□□	□□□□□□
Água, líquidos 240ml	□□□□□□	□□□□□□	□□□□□□	□□□□□□	□□□□□□	□□□□□□
Álcool	□□	□□	□□	□□	□□	□□
Exercício físico cada □ = duração de 10 minutos)	□□□□□□	□□□□□□	□□□□□□	□□□□□□	□□□□□□	□□□□□□

Sua meta diária de porções

Grãos: _____

Legumes e verduras: _____

Frutas: _____

Laticínios: _____

Oleaginosas: _____

Carnes magras (g): _____

Gorduras: _____

Água: _____

Álcool: _____

A Dieta do Coração

Ao longo de todo este livro, indicamos mudanças específicas para você fazer ao adotar a Dieta D.A.S.H., a fim de ajudá--lo a alcançar e manter um peso saudável. É de grande ajuda monitorar sua alimentação, suas atividades físicas e peso para ver como suas ações o tornaram mais saudável. Neste livro, temos dois tipos diferentes de formulários para você monitorar sua alimentação. Um deles conta os grupos alimentares, e o outro é mais um modo visual de representar seus planos de refeições. Escolha o que parecer mais útil para você.

Também temos formulários para monitorar as atividades físicas, a pressão arterial, a taxa de açúcar no sangue (caso você precise) e uma visão geral da saúde e do bem-estar. O registro da pressão arterial e do nível de açúcar no sangue permite que você monitore como está respondendo ao programa. Eles serão úteis ao seu médico, especialmente se os números estiverem caindo, ou nos níveis considerados normais. A medição da pressão arterial e da taxa de açúcar no sangue são indicadores imediatos da saúde de uma pessoa. Você não precisa fazer essas medições, a menos que seja uma orientação do seu médico.

Na primeira linha, anote a medição de sua pressão arterial antes de começar o plano da Dieta D.A.S.H. Esperamos que sua pressão arterial fique melhor quando você mudar seus hábitos alimentares, perder peso e fizer atividades físicas. Como lembrete, se sua pressão arterial for de 140/90, 140 é a medição da pressão sistólica, e 90 é a da diastólica.

O planejamento diário de refeições

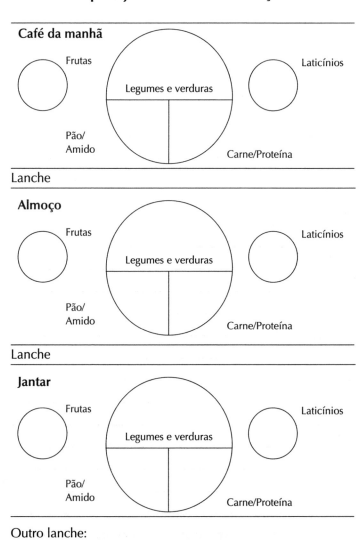

Outro lanche:

Atividades:

A DIETA DO CORAÇÃO

Registro de pressão arterial

	Sistólica (maior leitura)	Diastólica (menor leitura)
Dia 1		
Dia 2		
Dia 3		
Dia 4		
Dia 5		
Dia 6		
Dia 7		
Dia 8		
Dia 9		
Dia 10		
Dia 11		
Dia 12		
Dia 13		
Dia 14		
Dia 15		
Dia 16		
Dia 17		
Dia 18		
Dia 19		
Dia 20		
Dia 21		

Use o registro de exercícios para monitorar o seu desempenho. Lembre-se: estabeleça uma meta de fazer alguma atividade física durante 30 minutos ou mais de uma só vez, ou agende três ou mais sessões de 10 minutos cada.

Registro de atividades físicas

	Tipo de atividade	Duração	Como me senti?
Dia 1			
Dia 2			
Dia 3			
Dia 4			
Dia 5			
Dia 6			
Dia 7			

Chegar a um peso adequado ou mantê-lo é um objetivo-chave para conseguir ser mais saudável. O formulário a seguir lhe dará um modo conveniente de observar seu progresso com o controle do peso e com o tamanho da sua circunferência abdominal.

Registro de peso

	Peso	Tamanho da circunferência abdominal
Meta de peso		
Peso inicial		
Semana 1		
Semana 2		
Semana 3		
Semana 4		
Semana 5		

A Dieta do Coração

Registro de peso

	Peso	Tamanho da circunferência abdominal
Semana 6		
Semana 7		
Semana 8		

Os benefícios adicionais conquistados ao fazer mudanças em sua dieta, peso e atividades físicas são: a melhora do humor, mais disposição e uma sensação de maior controle sobre sua saúde. Manter um diário sobre como se sente pode lhe fornecer maiores informações, que o ajudarão a manter suas mudanças de comportamento. O quadro a seguir é um modelo simples de diário para acompanhar como a Dieta D.A.S.H. está afetando sua vida.

Registro geral sobre os resultados da Dieta D.A.S.H.

	Humor, disposição, autoconfiança etc.
Começo:	
Semana 1	
Semana 2	
Semana 3	
Semana 4	
Segundo mês	
Terceiro mês	
Quarto mês	
Quinto mês	
Sexto mês	

CAPÍTULO 16

Receitas fabulosas e supersimples para que você mesmo prepare sua Dieta D.A.S.H.

Criamos uma variedade de receitas para facilitar o preparo de pratos saudáveis em sua casa. A maioria das nossas receitas leva pouco tempo para ficar pronta, mas as que exigem maior tempo de preparo geralmente duram por várias refeições. Os pratos mais demorados devem ser preparados nos fins de semana.

Carne bovina e suína

Ensopado caseiro da Marla
Bolo de carne mexicano
Pizza sem massa
Costeletas de porco à mexicana
Abóbora-espaguete com molho de carne
Chili com vegetais
Salada com filé grelhado
Hambúrguer superdelicioso

A Dieta do Coração

Salada de taco sem taco
O melhor bolo de carne do mundo
Molho de manga e frutas vermelhas com lombo de porco
grelhado

Ensopado caseiro da Marla

1,4kg da carne bovina de sua preferência cortada em
   cubos de aproximadamente 3cm de espessura
1 xícara de água
800ml de molho de tomate
1 xícara de cebola fresca picada
1 xícara de pimentão amarelo picado
3 dentes de alho picados
¼ de xícara de açúcar-mascavo
½ xícara de suco de laranja
¼ de xícara de molho de mostarda amarela
¼ de xícara de vinagre de vinho tinto
1 colher de sopa de molho inglês
⅛ de colher de chá de pimenta chili em pó
⅛ de colher de chá pimenta-de-caiena
⅛ de colher de chá de pimenta-do-reino

Eu uso uma panela de pressão para acelerar o cozimento da
carne, acrescentando cerca de ¼ da xícara de água na panela.
Cozinho na pressão por cerca de 20 minutos. Tiro a panela do
fogo e espero que saia a pressão, enquanto esfria. Você também pode refogar a carne por algumas horas, em fogo baixo,
com o molho de tomate, até que ela ceda ao garfo.

Após o cozimento, reserve todo o líquido que sobrar. Desfie a
carne usando dois garfos; remova quaisquer grandes pedaços

de gordura e cartilagem. Coloque a carne de volta na panela de pressão (ou numa frigideira grande, ou numa panela comum). Adicione a cebola, o pimentão e o alho e deixe ferver em fogo baixo com parte do líquido reservado. Quando as cebolas e os pimentões estiverem macios, acrescente o restante do líquido do cozimento, o molho de tomate (caso ainda não tenha sido acrescentado), o açúcar-mascavo, o suco de laranja, a mostarda e o vinagre. Esse processo deve ser realizado de forma lenta. Ferva essa mistura em fogo baixo para que os sabores apurem. Se você preferir o molho do ensopado mais adocicado, pode adicionar um pouco mais de açúcar-mascavo. Em seguida, acrescente o molho inglês, a pimenta chili em pó, a pimenta-de-caiena e a pimenta-do-reino. Deixe ferver por mais 30 minutos, ou mais, dependendo do tempo disponível.

Sirva acompanhado de pão para os membros da sua família que não estiverem em dieta de redução de amidos. Acrescente queijo ralado no momento de servir, se desejar.

Rendimento: cerca de 12 porções.

✓ *Dicas:* congele cerca de metade das sobras para desfrutar mais tarde e o restante para outra refeição, de dois a três dias depois.

Você também pode adicionar molho de pimenta, se quiser.

Caso prepare o prato sem usar uma panela de pressão, primeiro doure a carne em temperatura média com a cebola, o pimentão e o alho. Em seguida, adicione o molho de tomate e reduza a temperatura. Você pode acrescentar os outros ingredientes mais tarde, quando a carne começa a amolecer.

A Dieta do Coração

Purê de maçã agridoce, milho e salada de repolho são ótimos acompanhamentos para este prato.

Bolo de carne mexicano

2 colheres de sopa de azeite de oliva
½ xícara de cebola picada em cubos pequenos
1 cenoura média picada ou ralada grosseiramente
1 talo de aipo picado
1 dente de alho picado
500g de carne moída
180g de linguiça apimentada moída (sem a pele)
2 pimentas jalapeño picadas (caso não encontre, use uma
    pimenta de sua preferência)
¾ de colher de chá de sal
¼ de colher de chá de pimenta-do-reino moída na hora
¼ de colher de chá pimenta-de-caiena
¼ de colher de chá de cominho moído
2 ovos bem batidos
½ xícara de farinha de rosca

Preaqueça o forno a 200°C.

Em uma frigideira, aqueça o azeite em fogo de médio a alto. Adicione a cebola, a cenoura, o aipo e o alho. Refogue, mexendo sempre, até que os vegetais estejam macios, o que deve acontecer em cerca de 8 minutos. Reserve até esfriar o suficiente até poderem ser pegos com a mão.

Em uma tigela grande, misture os legumes refogados, a carne, a linguiça e as pimentas picadas. Em uma tigela média, misture o sal, a pimenta-do-reino, a pimenta-de-caiena, o cominho e os ovos. Misture bem com um garfo e despeje a mistura sobre a tigela onde estão as carnes. Adicione a farinha de rosca e misture bem com as mãos limpas (não se esqueça de tirar os anéis antes de fazer isso).

Coloque a mistura em uma forma de bolo inglês com aproximadamente 30cm de comprimento. Asse de 40 a 45 minutos, ou até que a carne esteja bem cozida. Retire do forno e, cuidadosamente, descarte os sucos do cozimento.

Rendimento: cerca de 10 porções.

✔ *Dica:* nós usamos uma forma especial para assar bolo de carne, que, na verdade, são duas formas que se encaixam: na forma interior, há uma fenda que permite que a gordura do bolo de carne escorra para a outra forma enquanto ele é assado. De qualquer forma, se você não encontrar uma forma especial para bolo de carne, deve colocar a forma contendo o bolo de carne dentro de outra, mais larga e funda, para proteger seu forno caso a gordura transborde.

Pizza sem massa

500g de alcatra sem gordura moída duas vezes
1 cebola média cortada em fatias finas
1 ou 2 pimentões-amarelos picados
2 dentes de alho picados
400g de tomates sem pele e sem sementes picados
400g de muçarela ralada

A Dieta do Coração

Preaqueça o forno a 200°C.

Aqueça uma frigideira ou panela grande no fogo de médio a alto. Cozinhe a carne moída por 3 minutos e reduza o fogo. Adicione a cebola, o pimentão e o alho. Continue a cozinhar por mais cinco minutos, ou até que a carne esteja completamente dourada e as cebolas, macias. Acrescente o tomate picado e cozinhe por mais 8 a 10 minutos, até que o molho engrosse. Coloque a mistura de carne moída em um refratário grande e raso ou em uma assadeira própria para pizza. Cubra com o queijo muçarela ralado e leve ao forno por 20 a 25 minutos, ou até dourar ligeiramente.

Rendimento: de 6 a 8 porções.

✓ *Dica*: você pode adicionar à carne qualquer legume de que você goste, como cogumelos, fatias de tomate, corações de alcachofra, abobrinha, abóbora etc. Você também pode assar na mesma frigideira em que cozinhou a carne, se ela puder ir ao forno; ou seja, se ela não tiver nenhuma peça de plástico, se for totalmente de metal.

Costeletas de porco à mexicana

4 costeletas de lombo de porco (aproximadamente 1kg)
1 colher de sopa de óleo de canola
Mix especial de temperos
2 colheres de sopa de páprica
2 colheres de sopa de pimenta chili em pó
2 colheres de sopa de açúcar-mascavo

MARLA HELLER

1 colher de sopa de cominho moído
1 colher de sopa de pimenta-preta moída
1 colher de sopa de pimenta-branca moída
1 ou 2 colheres de chá de pimenta-de-caiena
1 colher de chá de canela em pó
½ colher de chá de sal

Misture todos os ingredientes do mix de temperos.

Esfregue o mix em cada uma das costeletas de porco, de ambos os lados. Preaqueça o óleo em uma frigideira em fogo de médio a alto. Coloque as costeletas de porco na frigideira, reduza o fogo e frite-as por cerca de 4 minutos de cada lado, até dourar bem.

Rendimento: 4 porções.

✔ *Dica:* purê de maçã e nossa receita de molho de manga e melão, assim como outras compotas ou *chutney* de frutas, são excelentes acompanhamentos para esse prato.

Abóbora-espaguete com molho de carne

500g de alcatra sem gordura moída duas vezes (pode ser substituída por carne de peru moída)
½ cebola média picada
2 cabeças de alho, esmagadas ou picadas
400g de tomates sem pele e sem sementes picados
400g de molho de tomate sem sal
½ colher de chá de tempero italiano

A DIETA DO CORAÇÃO

1 abóbora-espaguete média
4 folhas frescas de manjericão picadas

Preaqueça o forno a 200°C.

Doure a carne moída em uma frigideira antiaderente, em fogo médio. Salteie a cebola, abaixe o fogo e, então, acrescente o alho. (*Dica:* remova a pele do alho esmagando-o com uma faca. Você pode picar o alho ou espremê-lo.)

Depois que a carne estiver completamente dourada e as cebolas, transparentes, adicione os tomates picados e o molho de tomate. Em seguida, acrescente o tempero italiano. Abaixe o fogo e deixe o molho de carne apurar.

Corte a abóbora na metade e tire todas as sementes. Em seguida, ferva-a por 30 minutos em uma panela grande, ou encha uma forma retangular com água, coloque as metades da abóbora-espaguete com a polpa para cima e asse por 40 minutos, ou até que fique macia.

Quando o molho de carne estiver pronto, acrescente o manjericão.

Quando a abóbora estiver cozida, sirva-se dos "fios" de dentro dela, assim como você se serviria de uma travessa de macarrão.

Cubra com o molho de carne, e bom apetite!

Rendimento: 4 porções.

✔ *Dica*: sirva este prato com uma deliciosa salada, e você terá uma refeição de baixas calorias, com vegetais e uma boa porção de carne.

Para tornar este prato vegetariano, use carne de soja em vez de alcatra moída.

Use 1 colher de sopa de azeite de oliva para saltear as cebolas e o alho antes de adicionar a carne de soja. Mantenha o fogo de médio a baixo, para evitar queimar o alho, o que deixaria a comida amarga.

Se sobrar molho, congele-o ou use-o em outro delicioso prato.

Chili com vegetais

500g de alcatra sem gordura moída duas vezes
1 cebola média picada
1 xícara de pimentão em tiras
2 cabeças de alho esmagadas ou picadas
400g de tomates sem pele e sem sementes picados
400g de molho de tomate sem sal
500g de feijão-preto cozido com pouco sal e escorrido
500g de feijão-vermelho cozido com pouco sal e
  escorrido
2 colheres de sopa de pimenta chili em pó
2 colheres de sopa de páprica
1 colher de chá de pimenta-do-reino moída
½ saco de cenouras, couve-flor e brócolis
  congelados (mix de vegetais)

A Dieta do Coração

Aqueça uma frigideira grande em fogo de médio a alto. Acrescente a carne, a cebola e o pimentão e refogue por 3 minutos antes de baixar o fogo. Mexa de vez em quando, enquanto cozinha. Abaixe o fogo e adicione o alho (lembre-se de que o fogo alto pode queimar o alho). Continue cozinhando por mais 3 minutos ou até que a carne esteja completamente dourada.

Acrescente os tomates,o molho, os feijões e temperos. Misture bem e deixe cozinhando em fogo baixo por mais 5 minutos. Então, acrescente os legumes congelados. Continue cozinhando em fogo baixo de 30 a 60 minutos. Se o chili começar a ficar muito espesso antes de estar pronto, você pode acrescentar água ou mais um pouco de molho de tomate.

Rendimento: em torno de 10 porções de 1 xícara.

✓ *Dicas*: para tornar este prato vegetariano, substitua a carne por carne de soja.

Se quiser, você também pode substituir a alcatra por peru.

O chili é uma refeição típica mexicana. Esta receita é suculenta e rápida, e você não corre o risco de se empanturrar, já que ela leva muitos vegetais.

Salada com filé grelhado

2 *New York strip* (contrafilés) desossados (com
   aproximadamente 300g cada um)
1 dente de alho cortado ao meio
Mix de temperos para carne, que pode ser encontrado
   pronto em supermercados ou que você pode preparar,

misturando uma colher de chá de pimenta-do-reino
moída, páprica, alho em pó, cebola em pó, pimenta-
de-caiena e ¼ de colher de chá de coentro seco
4 xícaras de alface-romana em tiras de aproximadamente
3cm ou de folhas pequenas
2 peras maduras fatiadas
Queijo gorgonzola ralado (opcional)
Molho vinagrete francês

Seque levemente os bifes com papel-toalha. Depois esfregue o alho em ambos os lados dos bifes. Em seguida, passe-os pelo mix de temperos dos dois lados (descarte o mix de temperos após o uso). Leve os bifes a uma grelha ou grill, em temperatura de média a alta por 5 minutos de cada lado, ou até que a carne esteja no ponto de sua preferência.

Corte os bifes em cubinhos de aproximadamente 1,5cm de espessura e coloque-os sobre a alface. Acrescente as peras e o queijo gorgonzola, se quiser. Tempere com o molho vinagrete francês.

Rendimento: 4 porções.

✓ *Dica*: para fazer o vinagrete, junte e misture 3 colheres de sopa de azeite, 1 colher de sopa de vinagre de vinho branco, 1 colher de sopa de mostarda Dijon e sal e pimenta a gosto.

A DIETA DO CORAÇÃO

Hambúrguer superdelicioso

1 colher de sopa de azeite de oliva ou de óleo de canola
1 cebola-doce média ou grande, em fatias bem finas
1 colher de chá de manteiga
¼ de xícara de vinho tinto
500g de alcatra sem gordura moída duas vezes
4 fatias de queijo muçarela light
2 xícaras de tomate-uva

Preaqueça o óleo ou o azeite em uma frigideira antiaderente, em fogo de baixo a médio. Caramelize as cebolas por aproximadamente 20 minutos, até que estejam transparentes e macias. Mexa sempre, abaixando o fogo quando for necessário, para evitar que as cebolas queimem. No fim do processo, adicione a manteiga e o vinho tinto.

Modele três hambúrgueres grandes com a carne moída e coloque-os na mesma frigideira que usou para preparar as cebolas, em fogo de médio a alto, por 2 minutos de cada lado. Quando estiverem prontos, corte cada um em quatro. Cubra cada um deles com uma fatia de queijo e sirva com os tomates-uva como acompanhamento. Sirva com mostarda, se desejar.

Rendimento: 4 porções.

✓ *Dica*: caramelizar as cebolas significa refogá-las lentamente, em fogo baixo, para que não queimem. Essa técnica ressalta sabor doce.

Se seus filhos não gostam de cebolas, não as sirva para eles e permita que comam os hambúrgueres com pão.

Vagens e salada de vegetais folhosos são ótimos acompanhamentos para este prato.

Salada de taco sem taco

500g de alcatra sem gordura moída duas vezes
1 xícara de cebola, fresca ou congelada, picada
1 xícara de pimentão vermelho, amarelo ou laranja em
tiras, congelado ou fresco
1 colher de chá de pimenta chili em pó
1 colher de chá de páprica
½ colher de chá de cebola em pó
½ colher de chá de alho em pó
1 pitada de pimenta-de-caiena
4 xícaras de alface picada
1 xícara de cenoura ralada
3 tomates cortados em cubos
1 pepino picado
1 xícara de milho
120g de queijo muçarela light ralado

Aqueça uma frigideira antiaderente em fogo de médio a alto. Junte a carne moída, as cebolas e os pimentões e cozinhe por 3 minutos. Abaixe o fogo. Mexa de vez em quando, até que a carne esteja dourada. Abaixe o fogo ainda mais e acrescente os temperos.

Em um prato, arrume a alface, a cenoura ralada, os tomates, o pepino e o milho. Sobre os vegetais, coloque a carne e, por cima, o queijo.

Rendimento: 4 porções.

✓ *Dica*: você pode variar os temperos de acordo com sua preferência.

Como alternativa vegetariana, use carne de soja em vez de carne moída ou feijões-pretos ou vermelhos escorridos.

A Dieta do Coração

O melhor bolo de carne do mundo

1 xícara de cebola picada
½ xícara de cenoura picada
½ xícara de aipo picado
1 colher de sopa de manteiga ou margarina
1 colher de sopa de azeite de oliva
1 xícara de farinha de rosca ou aveia
1kg de carne bovina moída
500g de carne de porco moída
180g de queijo cheddar light
2 ovos grandes
½ xícara de caldo de carne
2 dentes de alho amassados em ponto de purê
1 colher de chá de sal
½ colher de chá de pimenta
2 colheres de chá de tomilho
2 colheres de chá de páprica
1 colher de chá de pimenta-da-jamaica
1 colher de chá de orégano
3 folhas de louro

Preaqueça o forno a 180°C.

Em uma frigideira antiaderente, salteie a cebola, a cenoura e o aipo com azeite de oliva e manteiga ou margarina por 5 minutos, ou até que os vegetais estejam macios e transparentes. Aumente o fogo e salteie por mais alguns minutos, até que estejam levemente dourados. Transfira-os para uma tigela. Acrescente todos os outros ingredientes, exceto as folhas de louro, e misture-os com as mãos limpas (não se esqueça de tirar os anéis antes de fazer isso).

Coloque o bolo de carne em uma forma e, depois, ponha essa forma dentro de outra, mais larga e funda, para proteger seu forno de derramamento.

Asse em temperatura média por aproximadamente 1 hora. O bolo de carne estará pronto quando os sucos do cozimento estiverem quase claros, com um leve tom rosado. Caso tenha um termômetro para carne, este deverá registrar 70°C quando inserido no centro do bolo. Deixe esfriar por 30 minutos. Descarte os sucos do cozimento.

Rendimento: 10 porções

✓ *Dica*: nós usamos uma forma especial para assar bolo de carne, que, na verdade, são duas formas que se encaixam: na forma interior, há uma fenda que permite que a gordura do bolo de carne escorra para a outra forma enquanto ele é assado. Assim, nosso bolo fica menos gorduroso.

Usar aveia em vez de farinha de rosca aumenta o teor de fibras de seu bolo de carne.

Nota: esta receita foi adaptada a partir de uma receita de Julia Child, no livro *The way to cook* (Como cozinhar, em tradução livre).

A Dieta do Coração

Molho de manga e frutas vermelhas
com lombo de porco grelhado

1 colher de molho de soja light
3 dentes de alho picados
¼ de colher de chá de pimenta-do-reino
750g a 1kg de lombo de porco desossado
1 manga descascada e cortada em cubinhos
(aproximadamente 1 xícara)
¼ de xícara de cebola picada
2 colheres de açúcar-mascavo
1 pimenta-banana fresca picada em pedaços finos
½ colher de chá de raspas de limão
1 colher de sopa de suco de limão
⅛ de colher de chá de sal
1 xícara de framboesas frescas (ou outra fruta vermelha)

Em uma tigela pequena, junte o molho de soja, o alho e a pimenta-do-reino. Retire qualquer excesso de gordura da carne. Use uma faca afiada para fazer cortes de aproximadamente 1cm de profundidade na parte de cima e na de baixo do assado. Esfregue a mistura de alho e molho de soja de maneira uniforme em todos os lados da carne. Insira um termômetro de carne no centro do assado.

Preaqueça um grill com tampa em temperatura média. Coloque a carne, tampe e deixe grelhar por cerca de 1 hora, ou até que o termômetro de carne registre 70°C.

Retire o lombo da churrasqueira e coloque-o sobre uma tábua de corte. Cubra a carne com papel-alumínio e deixe-a descansar por 15 minutos antes de cortá-la (a temperatura da carne vai subir 15°C durante o processo).

Enquanto isso, em uma tigela pequena, misture metade da manga picada com a cebola, o açúcar-mascavo, a pimenta--banana, as raspas de limão, o suco de limão e o sal.

Dobre uma folha de papel-alumínio de 45cmx60cm ao meio para reforçá-la, deixando-a com 22cmx15cm.

Coloque a mistura de manga com os temperos no centro da folha de papel-alumínio. Aproxime as pontas opostas do papel--alumínio até dobrá-lo, envolvendo a manga, mas deixando espaço para o vapor sair.

Coloque o pacote de manga no grill destampado por 10 minutos, ou até que esteja aquecido. Retire do fogo. Transfira a manga para uma tigela média e misture delicadamente o restante da manga e as framboesas picadas. Sirva com carne de porco e, se desejar, com fatias de limão.

Rendimento: 6 porções.

Aves

Piccata de frango ao natural
Frango assado com legumes superfácil e delicioso
Wraps asiáticos de frango e alface
Salada de frango grelhado
Frango souvlaki
Salada de frango cozido com uvas e nozes
A seleta de legumes com frango mais fácil
Frango grelhado crocante
Frango assado com salada de brócolis e tomate

Esplendor do jardim, frango refogado com tomates sobre vagens
Frango grelhado com molho de abacate e papaia
Frango grelhado e salada de frutas vermelhas
Frango assado em pé
Salada de frango com gergelim
Filés de frango crocantes
Rolinhos de peru com molho de mirtilo

Piccata de frango ao natural

Usamos o termo "ao natural" porque este prato é preparado sem empanar e sem alcaparras. Sem empanar, para minimizar amidos refinados, e sem alcaparras, para manter o sódio sob controle.

4 peitos de frango sem osso e sem pele
Tempero *lemon pepper*
1 colher de sopa de azeite de oliva
2 colheres de sopa de suco de limão
½ colher de chá de raspas de limão
1 xícara de caldo de galinha com baixo teor de sódio, preaquecido no micro-ondas
1 colher de sopa de manteiga ou margarina

Primeiro, bata nos peitos de frangos com um martelo de carne, até que estejam com aproximadamente 2,5cm de espessura. O processo será mais fácil se, antes de bater, você jogar um pouquinho de água sobre cada um deles e depois envolvê-los em filme plástico. Dessa forma, os peitos de frango não ficarão tão grudentos. Você também pode usar um rolo de massa para o mesmo fim.

Polvilhe o frango com o tempero *lemon pepper*. Em uma frigideira grande, aqueça o azeite em fogo de médio a alto (se sair fumaça, é porque a temperatura está alta demais). Cozinhe os peitos de frango por cerca de 4 minutos de cada lado, ou até dourarem. Retire o frango da panela e coloque em um prato com uma tampa (como uma tampa de panela, ou então cubra com uma folha de papel-alumínio) para mantê-lo aquecido.

Na mesma frigideira, junte o suco e as raspas de limão e o caldo de galinha aquecido, raspando a panela para soltar todos os sucos do frango e o azeite que tenham ficado grudados no fundo. Continue a cozinhar para apurar o molho. Reduza o fogo e adicione a manteiga ou margarina.

Leve o frango de volta à frigideira e deixe cozinhar por mais 3 minutos, ou até que a temperatura interna dos peitos de frango esteja em torno de 70°C.

Rendimento: 4 porções.

✓ *Dica:* para diminuir ainda mais o sódio deste prato, use uma xícara de vinho branco em vez de caldo de frango. O sabor, podemos garantir, ainda será maravilhoso.

Frango assado com legumes superfácil e delicioso

1 frango inteiro, de 2,2kg a 2,7kg
Tempero para aves (você encontra pronto nos
    supermercados)
15 batatas vermelhas (bem pequenas)

A Dieta do Coração

350g de cenoura cortada em rodelas

350g de couve-de-bruxelas

1 cebola média cortada em pedaços

4 dentes de alho picados ou amassados

1 xícara de caldo de galinha com baixo teor de sódio (dissolvido)

Salsa, seca ou fresca, picada

1 colher de sopa de azeite de oliva

Preaqueça o forno a 230°C.

Limpe o frango, removendo todos os miúdos e o pescoço (se incluídos). Seque. Polvilhe o tempero para aves dentro e fora do frango.

Coloque a ave em uma assadeira com grelha.

Arrume as batatas, as cenouras e as couves-de-bruxelas no fundo da assadeira. Coloque pedaços de cebola em torno e dentro da ave. Espalhe o alho picado pelo fundo da assadeira e no interior do frango. Acrescente o caldo de galinha.

Salpique salsa no frango e nos legumes e, em seguida, regue com o azeite. Asse por 30 minutos, depois baixe a temperatura para 80°C. Asse por mais 45 minutos, ou até que o termômetro inserido no frango atinja 70°C. A ave deverá estar cor de caramelo. Caso o líquido no fundo do tabuleiro seque, adicione água para impedir que os vegetais queimem.

Rendimento: 6 porções

✓ *Dica*: você pode escolher quase todos os tipos de legumes, frescos ou congelados, como preferir, para acompanhar o frango. Batata-doce em rodelas é um toque interessante no sabor e uma ótima substituta para as batatas vermelhas.

Esta receita também pode ser feita em uma panela elétrica.

Wraps asiáticos de frango e alface

2 colheres de sopa de molho de soja light com baixo teor de sódio

1 colher de sopa de molho *hoisin* (molho agridoce ou molho de ameixa)

2 colheres de sopa de vinagre de vinho de arroz

1 colher de chá de açúcar ou adoçante culinário

3 colheres de sopa de óleo de canola ou amendoim (não use óleo de amendoim se for alérgico a amendoins)

2 dentes de alho picados

2 colheres de chá de gengibre picado fresco ou 2 pitadas de gengibre em pó

1/3 de xícara de cebola em cubos

1 xícara de cogumelos picados

1 xícara de castanhas-d'água

500g de peito de frango, desossado e sem pele, cortado em cubos ou tiras

Folhas do miolo da alface-americana

Folhas frescas de coentro picadas grosseiramente (opcional)

1 xícara de castanhas-de-caju tostadas, picadas grosseiramente (não use, caso tenha alergia a castanhas)

A Dieta do Coração

Combine o molho de soja, o molho *hoisin*, o vinagre e o açúcar em uma tigela pequena e mexa até que o açúcar dissolva. Reserve.

Aqueça 1 colher de sopa do óleo em uma *wok* ou frigideira grande em fogo de médio a alto.

Se o óleo produzir fumaça, abaixe o fogo. A fumaça é prejudicial para seus pulmões.

Misture o alho e o gengibre no óleo. Depois, acrescente a cebola, os cogumelos e as castanhas-d'água. Salteie por 3 minutos. Reserve.

Aqueça as 2 colheres de sopa de óleo restantes na *wok*. Doure o frango por 1 minuto, ou até que não esteja mais rosado. Adicione a mistura cozida de vegetais novamente, diminua o fogo e acrescente a mistura de molhos. Mexa por 1 minuto, ou até que o molho esteja aquecido e o frango esteja cozido.

Coloque o recheio em cada uma das folhas de alface. Finalize cada uma delas com coentro e castanhas picadas (se desejar).

Sirva quente.

Rendimento: aproximadamente 4 porções.

✓ *Dica:* o óleo de amendoim funciona muito bem para cozimento em alta temperatura, porque seu ponto de ebulição é alto e ele demora a soltar fumaça. O óleo de canola também é bom.

Salada de frango grelhado

2 tomates médios maduros, sem pele e cortados em cubos
2 colheres de sopa de cebola picada em pedaços finos
2 colheres de sopa de coentro fresco picado fino
1 pitada de açúcar (opcional)
4 peitos de frango médios, desossados e sem pele (cerca
de 750g)
4 colheres de chá de pimenta-do-reino
4 colheres de chá de páprica
¾ de colher de chá de mostarda em pó
¾ de colher de chá de pimenta-de-caiena em pó
¼ de colher de chá de sal
Alface picada (cerca de 4 xícaras, ou quanto preferir)
1 xícara de milho-verde (exceto durante a Fase Um)
100g de queijo cheddar picado
Guacamole

Faça um molho pico de gallo caseiro (molho tradicional mexicano): combine os tomates, a cebola, o coentro e o açúcar.
Mexa bem. Cubra e deixe descansar por algumas horas ou durante a noite.

Preaqueça o forno a 180°C.

Corte as metades de peito de frango em tiras de 2cm de largura.
Junte a pimenta-do-reino, a páprica, a mostarda, o pimentão e
o sal em um saco plástico para alimentos. Adicione o frango
ao saco, chacoalhando bem. Arrume o frango temperado em
uma única camada em uma assadeira rasa, untada com óleo
em spray ou forrada com papel-alumínio. Asse, descoberto, por
15 a 20 minutos, ou até que o frango esteja tenro e não mais
rosado. Usando dois garfos, desfie o frango.

A Dieta do Coração

Distribua a alface nos pratos, salpique o milho (não na Fase Um) e cubra com o frango desfiado. Espalhe o pico de gallo, cheddar e guacamole sobre o frango e a alface. E quem disse que comida saudável não pode ser muito saborosa?

Rendimento: 4 porções.

✓ *Dica:* para descascar os tomates, faça um corte em X na parte de baixo de cada um. Usando uma concha perfurada, mergulhe em água fervendo, até que a pele cozinhe e comece a se soltar do X (30 a 45 segundos). Remova com uma concha e mergulhe em água gelada para interromper o cozimento. Assim a pele sairá facilmente.

Frango souvlaki

3 limões
2 colheres de sopa de folhas de orégano frescas e picadas ou 2 colheres de chá de orégano seco
½ colher de chá de pimenta-calabresa
¼ de xícara de azeite de oliva
4 dentes de alho picados
Sal grosso
16 filés de frango cortados em cubos grandes (cerca de 750g)
Pimenta-do-reino
2 xícaras de iogurte grego
½ pepino sem sementes, descascado e ralado
½ colher de chá de cominho em pó

Você precisará de cerca de 16 espetos. Se estiver usando os de madeira, mergulhe-os em água por 30 minutos antes de levar à grelha.

Preaqueça a grelha ou o grill em temperatura de média a alta.

Para preparar a marinada, combine as raspas e o suco de 2 limões, o orégano, a pimenta-calabresa e o azeite de oliva em um prato. Esmague o alho até transformá-lo em um purê com um pouco de sal grosso (ou sal Kosher ou sal marinho), então adicione ¾ do alho à marinada, reservando um pouco para depois. Coloque o frango em um saco plástico junto com a marinada e acrescente a pimenta. Depois, feche bem o saco e agite, para que a marinada cubra o frango. Deixe descansar por 10 minutos.

Coloque o frango nos espetos e cozinhe de 7 a 8 minutos, virando uma vez, até que a carne esteja firme e úmida.

Enquanto o frango cozinha, junte o iogurte grego com o suco do limão restante e o alho reservado, o pepino ralado e o cominho. Sirva a mistura como um molho para o frango.

Rendimento: aproximadamente 4 porções.

✓ *Dica:* use raladores de cítricos ao raspar o limão para um melhor resultado. Raspe primeiro, então retire o suco. Não deixe de usar as raspas, pois acrescentam um sabor refrescante e intenso.

A DIETA DO CORAÇÃO

Salada de frango cozido com uvas e nozes

5 xícaras de água
1 ¾ xícara de caldo de galinha com pouco sódio
750g de filés de frango
1/3 de xícara de iogurte natural desnatado
1/3 de xícara de maionese
1 colher de sopa de mostarda Dijon
1 xícara de uvas sem caroço cortadas ao meio,
transversalmente
1 xícara de nozes grosseiramente picadas (90g)
Sal e pimenta a gosto

Ferva a água e o caldo em uma panela grande, então, acrescente o frango e cozinhe em fogo baixo, sem tampa, mexendo ocasionalmente, até que esteja cozido — cerca de 5 minutos. Escorra e deixa esfriar. Corte pedaços de 3cm.

Misture o iogurte, a maionese e a mostarda. Adicione o frango e os outros ingredientes ao molho, com sal e pimenta a gosto.

Rendimento: 6 porções.

✓ *Dica:* esta receita fica ótima servida na alface, com tomates fatiados.

A seleta de legumes com frango mais fácil

1 colher de sopa de azeite de oliva
4 peitos de frango desossados e sem pele
350 gramas de seleta de legumes congelada
1 dente de alho picado

Relembrando da receita de piccata de frango ao natural: primeiro, bata nos peitos de frango com um martelo para carnes, até que estejam com cerca de 2,5cm de espessura. O processo será mais fácil se, antes de bater, você jogar um pouquinho de água sobre o frango e depois envolver cada peito em filme plástico. Dessa forma, os peitos de frango não ficarão tão grudentos. Você também pode usar um rolo de massa para o mesmo fim. Você pode usar o mesmo rolo para afiná-los e nivelá-los.

Aqueça o óleo em fogo de médio a alto (se o óleo fumegar, a temperatura está muito alta). Acrescente o frango e cozinhe por 4 minutos de cada lado, ou até dourar. Retire o frango da panela, coloque-o em uma travessa e cubra (com uma tampa de panela ou papel-alumínio) para mantê-lo aquecido.

Em uma frigideira, refogue a seleta de legumes e o alho em fogo médio por 2 a 5 minutos. Junte o frango e misture à seleta de legumes com alho. Cozinhe por mais 2 minutos.

Sirva quente.

Rendimento: 4 porções.

A DIETA DO CORAÇÃO

Frango grelhado crocante

4 peitos de frango com pele e ossos
Opcional: dentes de alho ou mistura de temperos sem sal

Aqueça o forno ou um grill em temperatura média. Faça uma espécie de barco com papel-alumínio para os peitos de frango. Se desejar, para dar um sabor extra, esfregue o frango com um dente de alho descascado e cortado e polvilhe com a mistura de temperos sem sal. Ponha o frango com o lado da pele para baixo nos barcos. Cozinhe por 45 minutos, virando o frango a cada 15 minutos.

Você obterá uma cor dourada adorável e um intenso sabor caramelizado da pele do frango. Dá para uma receita ser mais fácil?

Rendimento: 4 porções.

✓ *Dica:* use papel-alumínio antiaderente para os barcos (ou forre-os com papel-manteiga).

Frango assado com salada de brócolis e tomate

750g de frango sem pele e sem osso
4 xícaras de ramos de brócolis
750g de tomates médios
4 colheres de sopa de azeite de oliva ou óleo de canola
½ colher de chá de sal
1 colher de chá de pimenta moída na hora
½ colher de chá de pimenta-de-caiena em pó
¼ de xícara de suco de limão

Ponha o frango na frigideira, adicione água suficiente para cobri-lo; deixe ferver em fogo alto. Tampe, reduza a temperatura e ferva até que o frango esteja tenro e não mais rosado no meio (de 10 a 12 minutos). Transfira para uma tábua de corte. Quando o frango esfriar o bastante para ser manuseado, desfie-o com dois garfos em pedaços pequenos.

Aqueça os brócolis no micro-ondas por 5 minutos, ou até ficarem tenros. Deixe-os esfriar descobertos.

Corte os tomates ao meio. Não remova as sementes e a polpa, já que é aí que a maior parte do sabor está. Na frigideira usada para cozinhar o frango, preaqueça 1 colher de sopa de azeite de oliva e refogue os tomates em fogo de médio a alto, com o corte para baixo. Deixe-os dourarem e amaciarem. Vire e doure o outro lado. Transfira-os para um recipiente para esfriarem.

Aqueça as outras 3 colheres de sopa de azeite de oliva na panela, em fogo médio. Acrescente o sal e as pimentas e cozinhe, mexendo constantemente, até soltar aroma, por cerca de 45 segundos. Lentamente, adicione o suco de limão (cuidado com respingos), então, tire a panela do fogo. Raspe o fundo da panela para aproveitar o sabor.

Pique grosseiramente os tomates e junte-os em uma tigela grande, com o frango picado, os brócolis e o molho da panela; mexa para misturar.

Rendimento: 4 porções.

Esplendor do jardim, frango refogado com tomates sobre vagens

2 colheres de sopa de azeite de oliva ou óleo de canola
8 peitos de frango desossados, sem pele, cortados finos
3 xícaras de vagens muito finas
2 xícaras de tomates-cereja ou tomates-uva, cortados ao meio
1 a 2 dentes de alho, picados ou esmagados em um espremedor de alho, ou
½ colher de chá de alho picado (opcional)
1 xícara de cebola picada
1 colher de sopa de manjericão fresco picado (ou 1 colher de chá de manjericão seco)
1 colher de sopa de orégano fresco picado (ou 1 colher de chá de orégano picado, a gosto)
1 colher de sopa de salsa italiana fresca picada (ou 1 colher de chá de salsa em flocos desidratada)
120ml de caldo de galinha com teor de sódio reduzido ou vinho branco

Preaqueça o forno a 120°C.

A ideia da receita veio originalmente de alimentos que tínhamos à mão, incluindo os colhidos em nosso jardim. Essa é uma ótima maneira de utilizar seus tomates-cereja em excesso. É uma refeição agradável, com um molho feito a partir do seu jardim ou do mercado.

Preaqueça o óleo em uma frigideira antiaderente em fogo de médio a alto. Doure o frango, refogando-o no óleo (você deve poder fazer de 2 a 4 peitos de uma vez, dependendo do tamanho da frigideira).

Abaixe a temperatura para média após 1 minuto de cozimento. Vire o frango após 2 ou 3 minutos e continue a cozinhar por outros 2 minutos. Transfira-o para um prato que possa ir ao forno. Cubra com papel-alumínio e mantenha-o aquecido no forno. O processo de cozimento continuará, então não deixe o frango passar do ponto enquanto doura. Repita esse processo até que todo o frango esteja cozido. Logo depois, cozinhe as vagens no micro-ondas por cerca de 5 minutos.

Então, refogue os tomates-cereja cortados, o alho e a cebola na frigideira, em fogo de baixo a médio. Tempere com manjericão, orégano e salsa. Adicione o caldo de galinha (ou vinho branco, para eliminar o sódio) e continue a cozinhar até que o líquido engrosse um pouco. Coloque todo o frango na frigideira e envolva-o com molho.

Arrume o frango sobre as vagens e finalize com o molho. Essa é uma maneira fácil de também temperá-las, sem qualquer esforço extra.

Rendimento: 4 porções.

✓ *Dica:* os peitos de frango cortados finos são muito mais fáceis de cozinhar, pois têm uma espessura uniforme. Você pode usar qualquer peito desossado e sem pele, mas estes demoram um pouco mais a cozinhar.

Você poderia picar todas as ervas (exceto o alho) de uma vez para reduzir o tempo de preparo.

A Dieta do Coração

Frango grelhado com molho de abacate e papaia

4 peitos de frango desossados e sem pele
2 colheres de mix de temperos (½ colher de chá de cebola
desidratada, ½ colher de chá de alho desidratado,
½ colher de chá de orégano, ¼ de colher de chá de
páprica picante e ¼ de colher de chá de sal)
3 colheres de sopa azeite de oliva
2 colheres de sopa de vinagre de arroz
¼ de colher de chá cominho em pó
1 pitada de pimenta-do-reino
1 abacate cortado ao meio, descascado e sem semente,
picado em pedaços médios
2/3 de xícara de mamão papaia fresco ou refrigerado (sem
açúcar), cortado.
1/3 de xícara de pimentão vermelho cortado
¼ de xícara de coentro fresco picado (opcional)

Preaqueça o forno a 190° C.

Polvilhe os dois lados de cada peito de frango com o mix de temperos. Em uma frigideira grande que possa ir ao forno (sem cabo de plástico), aqueça 1 colher de azeite em fogo médio. Adicione o frango e cozinhe-o até que esteja dourado, virando uma vez. Leve ao forno e asse por 15 minutos, ou até que o frango não esteja mais rosado (quando atinjir 75°C).

Para o molho: em uma tigela grande, misture o vinagre, as outras 2 colheres de sopa de azeite, o cominho e a pimenta-do-reino.

Adicione o abacate, a papaia, o pimentão e o coentro picado.

Sirva o frango coberto com o molho.

Rendimento: 4 porções.

Frango grelhado e salada de frutas vermelhas

4 peitos de frango sem pele e desossados
Mix de temperos (½ colher de chá de cebola desidratada,
 ½ colher de chá de alho desidratado, ½ colher de chá
 de orégano, ¼ de colher de chá de páprica picante e ¼
 de colher de chá de sal)
1 colher de sopa de azeite de oliva ou óleo de canola
2 a 3 xícaras de folhas de alface (ou outra verdura de sua
 preferência)
2 tomates médios cortados em quatro ou tomates-cereja
1 xícara de repolho-roxo picado
1 xícara de cenouras picadas
1 xícara de morangos
1 xícara de framboesas
1 xícara de mirtilo
Molho vinagrete

Enxágue os peitos de frango e seque-os com papel-toalha. Coloque o mix de temperos em um prato e passe os dois lados do frango.

Preaqueça o óleo em uma frigideira em fogo de médio a alto. Doure o frango, cozinhando de 2 a 3 minutos cada lado. Então, reduza a temperatura até que o frango esteja completamente cozido.

✓ *Dica:* como alternativa, o frango pode ser cozido em um grill. Deixe esfriar alguns minutos, então, corte-os em tiras de 2,5cm, longitudinalmente.

Arrume a alface em pratos e cubra com os tomates, o repolho-roxo e as cenouras cortadas. Então, coloque as tiras

A Dieta do Coração

de frango e cubra-as com as frutas vermelhas. Finalize com o vinagrete.

Rendimento: 4 porções.

Frango assado em pé

É necessário equipamento especial para esta receita. Nós usamos assadeira vertical de frango. Algumas pessoas usam uma lata de cerveja cheia até a metade como assador. Elas dizem que a cerveja umedece a parte interna do frango, deixando-o mais suculento.

1 frango inteiro limpo
Temperos para frango
Páprica
½ xícara de líquido à sua escolha (água, caldo, vinho etc.)

Preaqueça o forno a 230°C.

Tire a grade superior do seu forno e certifique-se de que a inferior esteja no nível mais baixo (já que o frango estará na vertical, precisará do espaço máximo no forno). Enxágue e seque o frango. Polvilhe-o com temperos, dentro e fora. Coloque o frango no assador vertical e, então, ponha em algum recipiente que possa ir ao forno (geralmente, usamos uma assadeira de vidro para torta; serve perfeitamente).

Adicione cerca de 1 xícara do líquido no fundo do recipiente. Observe durante o cozimento para ter certeza de que ainda há líquido. Adicione mais, se necessário. Leve ao forno por cerca de 60 minutos, ou até que o termômetro registre uma temperatura de 70ºC no interior do frango. Deve ficar bem dourado.

Rendimento: 4 a 5 porções.

✓ *Dica:* esse é um prato muito fácil, que lhe dá tempo de relaxar e se exercitar enquanto cozinha.

Salada de frango com gergelim

3 colheres de sopa de óleo de canola
3 colheres de sopa de vinagre de vinho de arroz
1 colher de sopa de gengibre fresco picado
Pimenta-do-reino a gosto
½ xícara de mostarda Dijon
⅓ de xícara de xarope de bordo (ou melaço de cana)
750g de filés de frango
½ xícara de sementes de gergelim
1 embalagem de salada de folhas verdes comprada pronta
1 pepino sem sementes, descascado e cortado em fatias
  finas
2 tomates grandes cortados em 8 fatias

Para fazer o molho, misture 2 colheres de sopa de óleo de canola, o vinagre e o gengibre em um recipiente. Tempere com pimenta.

Misture a mostarda e o xarope de bordo (ou melaço) em uma tigela, adicione o frango e deixe marinar por 1 hora. Então, espalhe as sementes de gergelim em um prato. Ao remover o frango da marinada, certifique-se de retirar o excesso do líquido. Cubra os dois lados dos filés com as sementes de gergelim. Descarte a marinada: não use de novo! Polvilhe o frango com pimenta. Aqueça 1 colher de sopa de óleo em uma frigideira antiaderente grande em fogo de médio a alto. Aos poucos, coloque o frango na frigideira e refogue até que esteja cozido o suficiente (cerca de 2 minutos de cada lado). Adicione mais óleo à frigideira, se necessário. Transfira o frango para um prato. Misture as folhas verdes, os pepinos e os tomates em uma tigela grande e regue com o molho. Arrume a salada nos pratos, cubra com frango e sirva.

Rendimento: 4 porções.

Filés de frango crocantes

Mix de temperos sem sal
750g de filés de frango
1 colher de sopa de azeite de oliva

Coloque uma camada de tempero em um prato, então, passe os filés pela mistura. Aqueça o azeite de oliva em uma frigideira em fogo de médio a alto. Cozinhe os filés por 2 a 3 minutos de cada lado, ou até dourarem.

Ideias para servir: sirva os filés acompanhados de uma salada com muitos legumes ou como prato principal, com vegetais e salada de repolho como complementos.

Desfie, cubra com molho e alface e enrole em tortilhas de milho para fazer um taco interessante de frango.

Rendimento: 4 a 5 porções

✓ *Dica:* faça uma quantidade extra ao mesmo tempo e congele para usar depois.

Nós procuramos usar mix de temperos sem sal sempre que possível.

Rolinhos de peru com molho de mirtilos

2 xícaras de mirtilos frescos picados grosseiramente
1 xícara de mirtilos frescos inteiros
¼ de xícara de suco de limão
3 colheres de sopa de coentro fresco picado (ou salsa fresca, se preferir)
2 pimentas jalapeño sem sementes e picadas (opcional)
⅓ de xícara de pimentão vermelho picado em cubos
¼ de xícara de cebola picada em cubos finos
8 tortilhas pequenas (6cm de diâmetro) de trigo integral ou milho (ou folhas de alface)
450g de carne de peru picada em fatias finas

Misture os mirtilos picados e os inteiros, o suco de limão, coentro, as pimentas, o pimentão vermelho e a cebola, em uma tigela grande. Cubra e refrigere até a hora de servir. Monte cada rolinho com uma tortilha (ou folha de alface), 30g de peru e um pouco de molho de mirtilo colocado no centro. Em seguida, enrole o sanduíche e aproveite

Rendimento: 8 rolinhos ou 3 ou 4 porções.

✓ *Dica:* se você fizer molho extra, você pode usá-lo em outras refeições.

Peixes e frutos do mar

Salmão do Alasca com crosta de nozes e *coulis* de
framboesas
Salada de atum à moda de Acapulco
Tacos de peixe
Salmão assado com mel
Halibute assado com xerez
Tilápia ao molho

Salmão do Alasca com crosta de nozes
e *coulis* de framboesas

450g a 700g de filé de salmão sem pele
1 colher de sopa de maionese
1 xícara de nozes picadas em pedaços finos
2 xícaras de framboesas frescas ou congeladas
¼ de xícara de açúcar
1 colher de sopa de suco de limão
1 colher de sopa de raspas de limão

Preaqueça o forno a 180°.

Coloque o salmão com a pele para baixo, em uma assadeira
coberta com papel-alumínio ou papel-manteiga. Cubra-o com
uma camada bem fina de maionese. Depois, gentilmente, pres-
sione as nozes picadas sobre a camada de maionese. Asse por
15 a 20 minutos ou até o salmão ficar tenro.

Prepare o *coulis*, aquecendo as framboesas com o açúcar em
uma panela média, em fogo de médio a alto. Abaixe o fogo e

mexa de vez em quando, até começar a engrossar (cerca de 15 minutos). Depois, passe a mistura por um coador bem fino (ou um moedor de cozinha), usando uma espátula para pressionar o molho e obter a maior quantidade de líquido possível. Descarte as sementes e o bagaço. Misture com o suco e as raspas de limão.

Corte o salmão em 4 porções, coloque-as no prato e cubra cada uma com o *coulis* de framboesa.

Rendimento: 4 porções.

✓ *Dica:* você pode preparar o *coulis* antes e refrigerá-lo por um ou dois dias, caso precise.

Salada de atum à moda de Acapulco

1 lata de atum ao natural, com baixo teor de sódio
2 colheres de sopa de maionese light ou comum, feita
   com azeite de oliva
1 tomate médio picado
Meia cebola pequena picada em quadradinhos pequenos
1 pimenta jalapeño sem sementes e nervos picada
   (opcional)
1 colher de sopa de suco de lima.

Escorra o atum e misture todos os ingredientes em uma tigela média.

Rendimento: 4 porções

A Dieta do Coração

Tacos de peixe

900g de tilápia
Tempero *lemon pepper*
1 colher de sopa de azeite de oliva, óleo de canola ou óleo em spray
8 tortilhas pequenas (15cm de diâmetro)
Um pouco de manteiga
Fatias de limão
Repolho-roxo picado

Você pode escolher como cozinhar o peixe. Pode salteá-lo em uma frigideira ou grelhar. Primeiro, tempere-o com o *lemon pepper*.

Para salteá-lo, adicione o óleo em uma frigideira antiaderente e preaquecida em fogo médio a alto. Antes de colocar o peixe, certifique-se de que ele esteja seco, para evitar que o óleo espirre. Salteie-o por cerca de 4 minutos de cada lado ou até ficar macio. No último minuto de cozimento, coloque um pouco de manteiga para dar mais sabor.

Para grelhá-lo, unte o grill com óleo em spray. Em temperatura de média a alta, grelhe o peixe por cerca de 4 minutos de cada lado.

Sirva quente, regue com suco de lima e cubra com o repolho--roxo picado. O molho de manga e melão* é ótimo para servir com esses tacos, assim como fatias de abacate.

✔ *Dica:* se você grelhar o peixe, use uma frigideira própria para isso, que tem pequenas reentrâncias que impedem o peixe de se despedaçar e ficar preso na grelha.

Rendimento: 4 porções

Salmão assado com mel

½ xícara de mel
3 colheres de sopa de manteiga ou margarina derretida
3 colheres de sopa de molho de soja light
3 colheres de sopa de suco de limão
1 colher de sopa de raspas de limão
2 colheres de sopa de vinho branco
1kg de filé de salmão

Misture todos os ingredientes, exceto o salmão, em uma assadeira de 22cm a 33cm de comprimento. Então, coloque o salmão, cubra-o com a marinada e deixe de 30 minutos a 6 horas no refrigerador.

Preaqueça o forno a 200ºC.

Asse o peixe por 10 a 15 minutos, ou até que ele fique tenro ao toque de um garfo. Regue-o algumas vezes com a marinada durante o cozimento. Sirva-o imediatamente depois de ficar pronto.

Rendimento: 6 porções

Halibute assado com xerez

1 colher de sopa de óleo vegetal, para untar
1 colher de sopa de azeite
1 cebola doce em fatias finas
2 dentes de alho fatiados
3 colheres de sopa de xerez (pode ser substituído por qualquer outro vinho, se não houver xerez disponível)

A Dieta do Coração

750g de filés de halibute
470ml de caldo de legumes ou galinha, com teor de sódio
reduzido
Pimenta moída na hora
1 colher de sopa de raspas de limão

Preaqueça o forno a 220ºC.

Unte uma assadeira com o óleo vegetal em spray (ou use uma toalha de papel para untar). Aqueça o azeite e a cebola em uma frigideira sobre fogo médio. Cuidado para não queimar a cebola. Deixe cozinhar por 10 minutos, até que estejam douradas. Abaixe o fogo para médio-baixo e acrescente o alho e o xerez; deixe cozinhar por mais 3 minutos.

Coloque os filés em uma única camada na assadeira, adicione o caldo e as raspas de limão e asse de 10 a 15 minutos, até que o peixe fique tenro ao toque do garfo. Cubra cada filé com o molho de cebola e xerez.

Rendimento: 4 porções

Tilápia ao molho

2 tomates médios picados
Meia cebola média picada
1 pimenta jalapeño média, sem sementes e nervuras,
picada (opcional)
1 colher de sopa de coentro picado
1 colher de sopa de açúcar
1 colher de sopa de vinagre de vinho tinto
4 filés de tilápia

Para fazer o molho, misture todos os ingredientes, exceto os filés de tilápia.

O peixe pode ser grelhado ou salteado. Para grelhá-lo, use uma frigideira para peixe untada com óleo vegetal, para impedir que os filés grudem. Cubra o peixe com o molho e deixe cozinhar por cerca de 3 minutos. Depois, vire-o, cubra-o novamente com o molho e cozinhe outros 3 minutos, ou até o peixe estar cozido o bastante e tenro ao toque do garfo.

Rendimento: 4 porções.

✓ *Dica:* se você estiver com pouco tempo, pode ser usado um molho industrializado. Esse é um bom modo de dar sabor a um peixe leve como a tilápia.

Receitas vegetarianas

A fritada que vale por uma refeição
Purê cremoso de couve-flor
Purê de batata-doce com bordo e laranja
Vagens com lascas de amêndoas tostadas
Cenouras glaceadas
Assado de couve-de-bruxelas ao molho balsâmico
Assado de brócolis, couve-flor e cenouras
Salada de alface-romana e laranja sanguínea
Vagens com pimentões
Lasanha de abobrinha
Molho de manga e melão

A Dieta do Coração

A fritada que vale por uma refeição

6 ovos grandes inteiros

1 colher de sopa de manjericão seco (ou 1 colher de sopa de manjericão fresco fatiado)

2 colheres de sopa de óleo de canola ou de azeite de oliva

1 xícara de pimentões fatiados

¼ de xícara de cebola fatiada

1 xícara de grãos de milho congelados

1 xícara de tomates-uva ou tomates-cereja cortados ao meio

120g de queijo prato light ralado

Bata ligeiramente os ovos e adicione o manjericão.

Aqueça o óleo em uma frigideira antiaderente em fogo médio. Quando o óleo estiver quente, adicione as fatias de pimentão, a cebola e o milho (você pode substituir o pimentão fresco por uma mistura de pimentões e cebolas fatiadas congelados). Salteie por 3 minutos, mexendo frequentemente. Depois, adicione os tomates e continue a mexer. Cozinhe por mais 5 minutos, ou até as fatias de cebola estiverem transparentes. Acrescente a mistura de ovo e manjericão sobre os vegetais. Com o auxílio de uma espátula, levante as bordas ou abra levemente o interior da fritada e, assim, deixe a mistura de ovos escorrer para o fundo, enquanto cozinha. Quando a mistura de ovos engrossar, cubra com o queijo. Depois, deixe dourar por 2 ou 3 minutos.

Rendimento: 6 porções

Purê cremoso de couve-flor

1 cabeça média de couve-flor (ou floretes congelados), o que dá cerca de 8 xícaras
4 dentes de alho sem pele (opcional)
1/8 de xícara de leite desnatado
Um pouco de margarina ou manteiga derretida, cerca de 1 colher de sopa
1/2 colher de chá de sal
Pimenta a gosto

Corte a cabeça da couve-flor, separando os floretes. Coloque-os em água fervente junto com o alho, se desejar, e cozinhe por cerca de 6 minutos ou até ficarem macios.

Drene a água e coloque os floretes no liquidificador, no processador de alimentos ou em uma tigela média. Adicione cerca de metade do leite desnatado, a manteiga ou a margarina. Amasse (ou triture) até ficar cremoso, mas ainda com pedacinhos para dar textura. Adicione mais leite, se necessário.

Tempere com sal e pimenta a gosto.

Rendimento: 4 porções.

✓ *Dica:* você também pode cozinhar os floretes no micro-ondas. Cozinhe por 5 minutos em potência alta ou até ficarem macios. Misture-os na metade do tempo.

Purê de batata-doce com bordo e laranja

4 a 5 batatas-doces grandes
½ xícara de leite aquecido
30g de manteiga ou margarina
¼ de xícara de xarope de bordo (caso não encontre,
   substitua por melaço de cana)
⅛ de xícara de suco de laranja
1 colher de sopa de raspas de laranja

Preaqueça o forno a 200°C.

Coloque as batatas em uma assadeira coberta com alumínio antiaderente e asse-as por 1 hora ou até estarem bem amolecidas. (Dica: sei que estão assadas quando começam a soltar líquido.)

Deixe-as esfriar por alguns minutos, depois corte-as ao meio, no sentido do comprimento, retirando a polpa ou descascando-as em uma tigela grande.

Comece a amassá-las, depois adicione ¼ de xícara do leite, a manteiga ou margarina, o bordo ou melaço, o suco de laranja e as raspas. Continue amassando-as até a consistência desejada. Adicione o restante do leite, caso seja necessário.

Rendimento: cerca de 8 porções

Vagens com lascas de amêndoas tostadas

½ xícara de lascas de amêndoas
1 saco de vagens congeladas
1 colher de sopa de azeite de oliva
Um pouco de manteiga

Preaqueça o forno a 180°.

Toste as lascas de amêndoas em uma assadeira ou frigideira por cerca de 10 minutos ou até começarem a soltar aroma.

Ferva rapidamente ou esquente no micro-ondas as vagens, até ficarem levemente macias. Escorra a água (se necessário), regue-as com o azeite e cubra-as com a manteiga. Polvilhe as lascas de amêndoas por cima.

Rendimento: 4 porções.

Cenouras glaceadas

¼ de xícara de margarina
1 colher de sopa de açúcar-mascavo
1 colher de sopa de mel
¼ de colher de chá de noz-moscada em pó
½ colher de chá de canela
6 a 7 cenouras médias, sem pele, cortadas diagonalmente
   em fatias de 2cm de comprimento
Salsa e/ou cebolinha picadas

Em uma frigideira média, derreta a margarina em fogo médio, tendo cuidado para não queimar. Adicione o açúcar-mascavo, o mel, a noz-moscada e a canela; misture bem. Adicione as cenouras. Tampe e cozinhe em fogo médio-baixo por cerca de 15 minutos, mexendo ocasionalmente. Se você preferir cenouras mais macias, continue o cozimento, até que atinjam a textura de sua preferência. Sirva quente, polvilhadas com salsa ou cebolinha.

Rendimento: 4 porções

A Dieta do Coração

Assado de couve-de-bruxelas ao molho balsâmico

3 colheres de sopa de vinagre balsâmico
1 colher de chá de cebola em pó
½ colher de chá de pimenta-preta moída
3 colheres de sopa de azeite de oliva
1 saco de couve-de-bruxelas congeladas ou de 2 a 3
    xícaras de couves-de-bruxelas frescas

Preaqueça o forno a 190°C.

Misture o vinagre, a cebola em pó e a pimenta em uma tigela pequena. Lentamente, adicione o azeite, misturando bem enquanto adiciona. Coloque as couves-de-bruxelas em uma única camada em uma assadeira coberta com papel-alumínio antiaderente ou forrada com papel-manteiga. Regue as couves com o molho, envolvendo-as bem. Asse por 25 minutos, virando-as na metade do tempo. As couves estarão prontas quando estiverem macias por dentro e levemente douradas por fora.

Rendimento: 4 porções

✓ *Dica:* em vez de cebola em pó, você pode adicionar cebolas frescas fatiadas ou cortadas em cubos às couves-de-bruxelas, deixando que assem juntas, para intensificar o sabor.

Assado de brócolis, couve-flor e cenouras

2 cabeças de brócolis médias cortadas em floretes
1 cabeça média de couve-flor cortada em floretes
4 cenouras grandes cortadas em fatias de 2,5cm

Páprica

3 dentes de alho em fatias finas

Óleo em spray para cozinhar, de preferência azeite de oliva

Preaqueça o forno em 220°C.

Cubra uma assadeira com papel-alumínio. Em uma única camada, disponha os floretes de brócolis, a couve-flor e as fatias de cenoura. Salpique a páprica e as fatias de alho sobre os vegetais e espirre o óleo em spray sobre eles. Asse de 25 a 20 minutos.

Rendimento: de 4 a 5 porções.

✓ *Dica:* você pode usar um pacote de mistura congelada de brócolis, couve-flor e cenouras, caso esteja sem tempo.

Salada de alface-romana e laranja sanguínea

4 xícaras de miolo de alface-romana fatiado

3 laranjas sanguíneas sem pele e fatiadas (caso não encontre este tipo de laranja, você pode usar mangas)

½ xícara de sementes de romã

2 colheres de sopa de suco de limão

1 colher de sopa de azeite de oliva extravirgem

1 colher de sopa de mel

1 ½ colher de chá de extrato de baunilha

1 pitada de sal

Pimenta-do-reino moída a gosto

3 colheres de sopa de lascas de amêndoas (ou flocos de arroz, se você tiver alergia a amêndoas)

A Dieta do Coração

Cubra a alface com as fatias de laranja sanguínea (ou manga) e as sementes de romã. Para fazer o molho, misture o restante dos ingredientes, exceto as amêndoas (ou os flocos de arroz). Regue a salada com o molho e salpique as amêndoas ou os flocos de arroz por cima.

Rendimento: 4 porções.

Observação: receita adaptada do livro *The Food of Morocco* (A comida do Marrocos, em tradução livre), de Paula Wolfert.

Vagens com pimentões

1 colher de sopa de azeite de oliva
240g de vagens inteiras
1 pimentão vermelho, 1 amarelo e 1 verde, cortados em tiras
1 dente de alho fatiado

Preaqueça o óleo em uma frigideira em fogo médio-alto. Adicione as vagens e os pimentões. Salteie, mexendo de vez em quando, até que os vegetais estejam macios. Adicione o alho fatiado quando os vegetais atingirem a textura que você preferir, próximo ao fim do cozimento. Sugiro que, após adicionar o alho, você deixe os vegetais cozinhando por mais 3 minutos.

Rendimento: 4 porções.

MARLA HELLER

Lasanha de abobrinha

1 colher de sopa de azeite de oliva
2 abobrinhas grandes cortadas em fatias de 0,5cm de
largura
4 tomates grandes cortados em fatias de 0,5cm de largura
2 cebolas médias cortadas em fatias bem finas
1 ramo de manjericão fresco, cerca de 6 a 8 folhas,
picado ou em fatias finas
Tempero italiano
Pimenta-do-reino moída
240g de muçarela light ralada

Preaqueça o forno a 200ºC.

Unte uma assadeira oval de 45cm de comprimento com o azeite de oliva. Cubra o fundo da assadeira com as abobrinhas fatiadas, depois espalhe uma camada de tomates e, depois, uma camada de fatias de cebolas. Cubra com o manjericão, o tempero italiano (ou outras ervas) e polvilhe com pimenta-do-reino.

Depois, cubra com uma camada de queijo muçarela, usando metade do que foi pedido. Repita o processo até terminar todos os ingredientes.

Asse por cerca de 30 minutos. Deixe esfriar por 5 minutos antes de servir.

Rendimento: 6 porções.

A DIETA DO CORAÇÃO

✔ *Dica:* esta receita é ótima para ser preparada com vegetais da época. Um jeito fácil de cortar o manjericão é enrolar as diversas folhas (com os caules virados para dentro) e cortá-las em fatias finas. Isso renderá tiras bem finas, chamadas de *chiffonade*.

Observação: esta receita foi adaptada do livro *From A to Zucchini (*De A a Zucchini, em tradução livre*), de* Liz Manaster.

Molho de manga e melão

1 manga bem madura cortada em cubos
½ ou ¼ de melão cantalupo cortado em cubos
¼ de melão amarelo cortado em cubos
¼ de abacaxi cortado em cubos
1 pimentão vermelho cortado em cubos
¼ de xícara de vinagre de arroz
1 a 2 pimentas jalapeño cortadas em cubos (opcional)
1 colher de chá de açúcar-mascavo ou adoçante culinário
1 colher de chá de coentro cortado fino (opcional)

Misture todas as frutas, o pimentão e a pimenta em uma tigela média. Em uma menor, misture o vinagre, o açúcar e o coentro. Depois, junte esta mistura à primeira. Misture bem, cubra e refrigere por 1 hora antes de servir.

Rendimento: 8 porções.

✔ *Dica:* você não quer comprar frutas em excesso? Eu compro melão e abacaxi fatiado e embalado. Desse modo, posso ver e sentir o cheiro da fruta e verificar se está realmente boa. Isso reduz o trabalho que você teria para cortá-las, bem como diminui o desperdício.

APÊNDICE A

Precisa de alimentos sem glúten e sem lactose? Tornando a Dieta D.A.S.H. eficiente para você

Parece que mais e mais pessoas estão desenvolvendo alergias alimentares ou algum grau de intolerância alimentar. Felizmente, planos alimentares baseados em alimentos reais ou integrais, tais como a Dieta D.A.S.H., fazem com que seja muito mais fácil evitar alérgenos.

Os alérgenos alimentares mais comuns são trigo (glúten), amendoim e oleaginosas, laticínios (leite de vaca), peixes e mariscos, soja e ovos. Infelizmente, laticínios e oleaginosas são parte dos alimentos-chave da Dieta D.A.S.H. Por isso, precisaremos encontrar maneiras de contornar os alérgenos para aqueles de vocês que têm sensibilidade a eles.

E nós reconhecemos que há toda uma gama de intolerâncias que podem ser classificadas como graves, verdadeiras ameaças à vida, capazes de causar um choque anafilático, insensibilidade leve que pode causar espirros, fungadela ou inchaço, quando você consumir certos alimentos.

Laticínios

Para aqueles sensíveis aos laticínios, existem dois gatilhos possíveis. Algumas pessoas têm uma verdadeira alergia ao leite de vaca e seus derivados. Outras podem ter intolerância à lactose, que as impede de consumir certa quantidade alimentos lácteos.

Com uma séria alergia ao leite de vaca, a pessoa deverá evitar alimentos lácteos, com possíveis exceções para os produtos feitos com leite de cabra e outros laticínios que não levem, especificamente, leite de vaca. Outras pessoas não serão capazes de consumir quaisquer produtos lácteos, não importando a fonte. Por favor, siga as ordens de seu médico ou nutricionista sobre laticínios.

Se você tem intolerância à lactose, pode consumir iogurte e queijo com pouco ou nenhum problema. Durante a produção de iogurte, a lactose é transformada em ácido láctico pelas bactérias benéficas. E quando o queijo é processado, a maior parte da lactose é removida ao separar-se a coalhada e o soro de leite . A coalhada é a parte sólida, usada para fazer o queijo, e a lactose fica junto do líquido, do soro, que é descartado. Muitas pessoas descobrem que podem consumir todo tipo de alimento se forem feitos com leite sem lactose. Outras, usam leite fermentado sem apresentar nenhum sintoma.

Substitutos sem lactose são uma boa ideia, você só precisa ter certeza de que eles têm dosagens similares de cálcio e vitamina D ao produto original. Além disso, fique longe dos produtos adoçados.

Alergias verdadeiras

A maioria das pessoas que têm alergias alimentares sabe como lidar com elas e que substituições fazer. Infelizmente, oleaginosas são altamente alergênicas e, também, parte importante da Dieta D.A.S.H. Se você pode comer abacates, saiba que são ótimos substitutos para as oleaginosas, com nutrientes semelhantes. Se não puder, esqueça esses alimentos e obtenha gorduras saudáveis do azeite de oliva e/ou peixes gordos. Você pode precisar de algumas porções extras de frutas, legumes e verduras para garantir que está consumindo a quantidade necessária de potássio.

Se você tiver sensibilidade ao glúten ou doença celíaca, é fácil adaptar-se à Dieta D.A.S.H. Como a maioria dos alimentos na dieta são consumidos muito próximos ao seu estado natural, você já está consumindo o mínimo possível de glúten e não precisa se preocupar. Além disso, não há grãos na Fase Um, e há menos massas de toda espécie na nossa dieta do que é comum na dieta típica americana. Claro que, na Fase Dois, qualquer um dos grãos sem glúten que você está acostumado a consumir podem ser usados como substitutos do trigo. Hoje, há tantos alimentos livres de glúten, que ninguém encontra dificuldade para se adaptar ao plano da Dieta D.A.S.H.

Outros tipos de alergias alimentares, tais como a ovos, frutos do mar, ou feijões, podem ser contornadas, fazendo-se substituições com alimentos que contenham nutrientes semelhantes. Se você tiver alergias mais complicadas ou outros problemas digestivos, deve consultar uma nutricionista para adaptar a Dieta D.A.S.H. às suas necessidades pessoais.

APÊNDICE B

Você atingiu seus objetivos – Como manter seu peso

Parabéns! O comprometimento para alcançar seu objetivo valeu a pena, e você chegou ao seu patamar de peso saudável. Você aprendeu a comer de forma muito mais leve, o que o faz sentir-se ótimo. Você está se exercitando ou fazendo algum tipo de atividade física regularmente. Você parece e se sente anos mais jovem.

E, claro, você quer se manter assim. A Dieta D.A.S.H. continuará a ser o guia para que você continue se alimentando de forma saudável e se exercitando. Você pode expandir seu repertório para, eventualmente, incluir em sua dieta mais alimentos com amido, como os grãos (principalmente cereais integrais, é claro) e vegetais ricos em amido. No entanto, você ainda deve consumi-los em pequena quantidade. A maioria de nós não é fisicamente ativo ou jovem o suficiente para queimar muito amido ou açúcar extra.

Uma ou duas vezes por semana, você pode se permitir alguma extravagância e consumir, por exemplo, batatas ou uma sobremesa incrível. Contanto que, no resto do tempo, você se mantenha firme na dieta, seu peso permanecerá estável. No começo, você deve manter a verificação de seu peso relativamente frequente. Se ele começa a subir novamente, isso significa que você está exagerando no amido ou no açúcar. Volte para a Fase Dois por uma semana ou mais.

Apesar de ser tentador voltar a comer de forma descuidada como você fazia antes, lembre-se de que nenhum de nós pode fazer isso sem recuperar o peso anterior. Para a maioria de nós, nossos dias são relativamente sedentários, e não temos como queimar as calorias obtidas em uma dieta descontrolada. Basta você se lembrar de como se sentiu bem ao ater-se a um plano de alimentação mais leve.

Visão geral sobre os padrões da Dieta D.A.S.H. na manutenção do peso

A tabela a seguir o ajudará a entender os padrões dos grupos alimentares para a manutenção de seu peso com a Dieta D.A.S.H.

Porções diárias de cada grupo alimentar para a manutenção do peso

	Pouco apetite	Apetite moderado	Bastante apetite
Vegetais sem amido	Porções ilimitadas		
Laticínios	2-3	2-3	3-4
Oleaginosas, feijões, sementes	1-2	1-3	2-4
Carnes magras, peixes, aves, ovos	140g-170g	170g-230g	230g-310g
Gorduras	1-2	2-3	3-4
Grãos integrais	2-3	2-3	3-4
Frutas	3-4	3-5	3-5
Grãos refinados, doces	1-2, ou menos	2-3, ou menos	3-4, ou menos

Visite minha página para ver mais sites e receitas adicionais (conteúdo em inglês):
http://dashdiet.org/dash_diet_recipe_links.asp

Agradecimentos

Estou muito feliz em apresentar este livro. Foram muitas as pessoas que me apoiaram nessa tarefa. Em primeiro lugar, os meus pacientes, no meu consultório particular e no Hospital da Marinha, que me inspiram a combinar os benefícios da Dieta D.A.S.H. a um plano mais agressivo de perda de peso, especialmente direcionados para pessoas que precisavam de um plano de dieta com níveis baixos de carboidratos.

Minha agente, Laurie Bernstein, uma guerreira, que defendeu os princípios da Dieta D.A.S.H. e de como ela poderia ser transformadora se se tornasse acessível ao público e fosse empregada na vida real. Tive muita sorte em me tornar cliente dela e poder sempre contar com seu apoio para espalhar a ideia da Dieta D.A.S.H. por aí e também os meus livros.

Minha editora, Diana Baroni, que trouxe tanto entusiasmo para o projeto, tanto para os livros atuais quanto para a próxima leva de livros sobre a Dieta D.A.S.H. Sou muito grata por ela ter me proporcionado a oportunidade de compartilhar a Dieta D.A.S.H. com o mercado mundial.

A Dieta do Coração

E, claro, o meu marido, Richard, que tem sido uma rocha, apoiando todo o meu trabalho com o livro, sempre pronto para experimentar qualquer uma de minhas novas receitas, sem reclamar, em momento algum, quando nossos momentos de lazer eram cancelados, pois eu tinha uma porção de trabalho me esperando. Eu tive tanta sorte em poder contar com um marido tão encorajador, compreensivo e amoroso! E ninguém poderia ter um marido mais orgulho do que eu, ansioso para contar a todos sobre meu trabalho.

Índice

A fritada que vale por uma refeição 240

Abacate, 35, 69, 113, 124, 131, 132, 226, 251

Abobrinha, lasanha de 246–47

Abóbora-espaguete com molho de carne 203–204

Ácido alfalinoleico (ALA) 119

Ácido fólico 175

Ácidos graxos ômega 3 em peixes e frutos do mar, 188

Açúcar no sangue. Ver glicose

Açúcares alcoólicos 114

Adoçantes artificiais e colesterol HDL 114

Adoçantes artificiais e peso saudável, 114

Adoçantes artificiais 114-16

Água. Ver líquidos

Álcool 36, 48, 70, 81, 134

Alergias alimentares 111, 129, 249–51

Alimentos "celebridades" 126–35

Alimentos congelados 42, 78, 169, 185

Alimentos enlatados, 182

Alimentos fritos 36

Alimentos processados 81, 169, 172

Alimentos ricos em amido 19, 20, 29, 33, 70, 115, 123, 175

Alimentos ricos em cálcio 131

Alimentos ricos em potássio 131

Almoços na Fase Dois 82–83, 85–87, 89–91, 93–96, 98–99

Almoços na Fase Um 49–50, 52–54, 56–58, 60–65

Antioxidantes 110, 119, 123, 126–128 159, 176

Antocianinas 176

Arroz 36, 72, 88, 132

Assado de brócolis, couve-flor e cenouras 244

Assado de couve-de-bruxelas ao molho balsâmico 244

A DIETA DO CORAÇÃO

Aveia 113, 132, 176, 182
Aves 44, 79, 255
Azeite de oliva 23, 36, 69, 78, 124, 182
Azia 34

Barra de cerais 116
Batata-doce 113,131
Bebidas. Ver álcool; café, líquidos, sucos de fruta, refrigerante
Benefícios da Dieta D.A.S.H. 1
Betacaroteno 176
Betaglucano 113
Bolo de carne mexicano 200
Bolo de carne, receitas 200, 210
Brehm, Bonnie 156
Brócolis 78, 113, 131

Café 48, 81, 131, 133
Cafeína 36, 70, 71, 133
Cafés da manhã na Fase Dois 82–84, 86–87, 89–82, 94–98
Cafés da manhã na Fase Um 48, 50–51, 53–55, 57–61, 63–65
Cálcio 130, 131, 134, 168
Calorias,
contagem de 33, 26
e exercícios 71, 101
e gorduras 172, 185
Caminhada 37, 71
Câncer 13, 14, 125, 175, 181
de mama 11, 122, 159
de próstata 119
Carboidratos 109,116, 156–57, 168–69, 172
Cardápios Fase Dois 82–99
Cardápios Fase Um 48–66
Carne de porco 131, 186, 197
Carnes magras 129, 179
calorias e gordura, 185–186
e colesterol, 144–145

porções 44, 79, 255
ricas em potássio 131
Cegueira 146
Cenouras glaceadas 243–244
Cenouras, receitas de 205, 216, 229, 243, 244
Cereais 72, 111, 112, 170
Cerveja 134
Cevada 132, 176
Chá 48, 131, 133
Chocolate quente 131, 133
Circunferência da cintura, 25, 71, 150
Colesterol, 142–45
Comendo fora na Fase Dois, 76–77
Comendo fora na Fase Um, 40–41
Composição nutricional, 171–72
Cor dos alimentos 31, 176
Costeletas de porco à mexicana 202
Coulis de framboesa 234

Dieta D.A.S.H., 11–16, 28–29
Depressão 100, 180
Derrames 137, 153, 158, 160
DHA (ácido docosapentatoico) 23, 119, 121–122, 124, 188
Diabetes, 146–50
e adoçantes artificiais, 114–115
e colesterol HDL 144
e dietas ricas em carboidratos 109–110
e fibras solúveis 112
e gorduras 120, 123–124
e peso corporal 26, 109–110
e risco de doenças do coração, 139–39
medicações e Dieta D.A.S.H. 34
tipo 2 13, 23, 114–115, 124, 139, 144, 146

Diarreia e açúcares alcoólicos 114
Dieta Atkins 156
Dieta D.A.S.H., formulário de porções 190
Dieta D.A.S.H., registro de resultados 196
Dieta Mediterrânea 122
Dieta sem glúten 249
Dieta sem laticínios 249
Doenças cardíacas, 119–23
Doenças do coração e, 120–21
Doença periodontal, 97
Dormir, 25

Ensopado caseiro da Marla, 198
EPA (ácido eicosapentaenoico), 12, 102, 104
Epidemia de diabetes, 109
Ervas 183
Esplendor do jardim, frango refogado com tomates sobre vagens 226-227
Estévia 112
Exercício 100–106
Exercícios aeróbicos 71, 102
Exercícios de força 71, 102–103

Fase Dois 67
Fase Um 33
Feijões 177
Ferro 129, 176, 177, 180
Fibras 112
  em feijões 176, 177
  em frutas, legumes e verduras 21, 110
  nas frutas 21, 110
Fitoquímicos 110
Formulários de registro 194–196
Frango 39, 41, 42, 43, 179, 180
  calorias e gorduras 186
  porções 73

Frango assado com legumes superfácil e delicioso 215–216
Frango assado com salada de brócolis e tomate 224-225
Frango assado em pé 230-231
Frango grelhado com molho de abacate e papaia 228
Frango grelhado crocante 224
Frango grelhado e salada de frutas vermelhas 229-230
Frango souvlaki 220–221
Frutas 21, 127, 128
  porções 72
  ricas em magnésio 132
  ricas em potássio 131
Frutos do mar
  calorias e gordura 187
  porções, 73
  receitas 234-239
  ricos em ácidos graxos ômega 3 190
  ricos em cálcio 131
  ricos em magnésio 132
  ricos em potássio 131
Frutose 116, 173
Fumo 138

Gelatina 36, 37, 41
Glicogênio 123, 144, 148
Glicose em jejum 150
Glicose 20, 114, 115, 122, 123, 148
Gordura abdominal 14, 21, 26
Gorduras monoinsaturadas (MUFAs), 118, 125, 155, 180, 181
Gorduras hidrogenadas 172, 182
Gorduras parcialmente hidrogenadas 172, 182
Gorduras poli-insaturadas (PUFAs) 124, 180, 181
Gorduras saturadas 70, 110,115, 120, 123, 124, 168

A Dieta do Coração

Gorduras saudáveis para o coração 17, 19, 22, 23, 29, 36, 69, 119, 121, 177, 180
Gorduras trans 110 115, 145
Grãos integrais, 12, 19, 20, 67, 68, 79, 81, 111, 128, 132, 167, 176, 182
porções 72
ricos em magnésio 132
Grãos refinados 15, 176, 20, 21

Habilidades cognitivas e exercícios 101
Hábitos alimentares 25, 33, 147
Halibute assado com xerez 237-38
Halibute 187
Hambúrguer 40, 41, 43
HDL, colesterol 34, 115, 140, 139, 141, 142
Hipertensão. Ver Pressão arterial elevada
Histórico familiar de doenças cardíacas 139, 138, 145

IMC (Índice de Massa Corporal) 24, 25, 27
Insulina
e dietas ricas em carboidratos, 109-110
e gorduras 121, 122
resistência à, 149
Intolerância à lactose, 178, 250
Iogurte 35, 38, 69, 72, 74, 75, 76, 77, 131, 132, 168

Jantares Fase Dois 82, 84, 85, 87-89, 91-95, 97-99
Jantares Fase Um 50-53, 55-56, 58-62, 64-66

Lanches da manhã Fase Dois 82,83, 85, 86, 87, 89

Lanches da manhã Fase Um 49, 50, 52, 53, 54, 56-58, 60-65
Lanches do meio da tarde Fase Dois 82, 84-86, 88-90, 92-95, 97-99
Lanches do meio da tarde Fase Um 49, 51-53, 55-56, 58-64, 66
Lasanha de abobrinha 246
Laticínios 129
com baixo teor de gordura 177, 181
desnatados 127, 129, 174
porções diárias 44, 79, 255
ricos em cálcio 131
ricos em magnésio 132
ricos em potássio 131
Layman Don, 157
LDL colesterol 44, 142, 143, 144, 155, 160
Legumes ricos em magnésio 132
Leite 19, 36, 69, 72, 74, 75, 77, 81, 129, 131-133
Licopeno 176
Linhaça 119, 119, 132
Lipídios 142-43
Líquidos (consumo) 37, 71, 112, 132, 133
Lista de ingredientes 172
Listas de compras no supermercado 41-42, 167

Macarrão 14, 72
Magnésio 28, 126
alimentos ricos em 132
Manitol 114
Manteiga 178-79
Manutenção do peso 254
Margarina 180
Melhores alimentos e minerais 126
Meta de peso saudável 18, 26, 80
Metabolismo 12, 14, 18, 19, 28

MARLA HELLER

Metas para um coração saudável 141

Metformina 114

Meu plano pessoal da Dieta
D.A.S.H. 16

Milho 36, 68, 70, 73

Molho de manga e frutas vermelhas
com lombo de porco grelhado
212-13

Molho de manga e melão 248

Nível de energia e exercício 100

Nurses' Health Study (NHS) 158

O melhor bolo de carne do mundo
210-211

Obesidade 25, 27, 138
pesquisa 13

Oleaginosas 121, 128, 177
porções 73
ricas em magnésio 132
ricas em potássio, 131

Óleo de amendoim 124, 181, 182

Óleo de canola 36, 69, 78, 181

Óleo de coco 36, 182, 118, 120, 124,
172

Óleo de milho 121

Óleo de palma 120, 124

Óleo de soja 121

Ômega 3, ácidos graxos 23, 48, 118,
119, 121, 124, 180, 181, 184, 188

Ômega 6, ácidos graxos, 121, 181

Omeletes 40, 76, 77

Ovos, 35
porções 44, 79, 255

Pães, 95, 113

Parar de fumar 139, 140

Pectina 113

Peixes 129, 179-180
calorias e gordura 187
porções 44, 79, 255

receitas 234

ricos em potássio 131

ricos em cálcio 131

ricos em magnésio 132

Perda de peso
e doenças cardíacas 141-142
estudos 13-14, 156-157

Perda muscular 19

Peru 39, 42, 78, 179, 180, 186

Peso saudável 24
e a redução de riscos 145
e gorduras 119-20
meta 26

Peso, registro 195

Pesquisa da Dieta D.A.S.H. e
colesterol HDL 13-14, 154-55

Piccata de frango ao natural 214-15

Pipoca 20, 72, 182

Pizza sem massa 201

Ponto de vista contrário 118-21

Ponto de vista dominante 121-122

Porcentagens, valores diários em
rótulos nutricionais 168

Porções diárias de grupos
alimentares na Fase Dois 79

Porções diárias de grupos
alimentares na Fase Um 44

Porções diárias de grupos
alimentares na Manutenção 255

Potássio
alimentos ricos em 129, 131

Pré-diabetes 123, 146-47, 149

Pré-hipertensão 139, 141

Pressão arterial diastólica (PAD)
142

Pressão arterial elevada, 150
e dietas ricas em carboidratos
22-23, 109-10, 141-42
e dietas ricas em grãos 109-10
e dietas ricas em proteína 22-23
e doença cardíaca, 137-38

e estudos da Dieta D.A.S.H.,
151–56
e excesso de peso, 13, 24, 25, 140
e parar de fumar, 140
estatísticas 139
Pressão arterial sistólica (PAS),
141–42
Pressão arterial, 141–42
Produtos de confeitaria 115, 116,
121
Programa de 14 dias. Ver Fase Um
Programa de exercício. Veja
exercício
Proteína, 19–23
Psyllium 113
Purê cremoso de couve-flor 241
Purê de batata-doce com bordo e
laranja 242

Queijos 38, 39, 41, 72–75, 174, 183,
184

Receitas 197–248
Receitas vegetarianas 239
Recomendação diária de grãos
integrais, 128, 176
Refluxo gástrico 29
Refrigerante 133, 179
Registro de pressão arterial 194
Registro de atividades físicas 195
Registro de peso 195
Registro de planejamento diário das
refeições 194
Registro de Porções da Dieta
D.A.S.H. 190
Registro geral sobre os resultados
da Dieta D.A.S.H. 196
Rins 23, 142
Riscos, estatísticas 139
Rolinhos de peru com molho de
mirtilos, 233

Rolls, Barbara 20
Rótulos alimentares, 167–73

Sacarose 116
Sal. Ver sódio
Salada de alface-romana e laranja
sanguínea, 245–46
Salada de atum à moda de
Acapulco 235-236
Salada de frango com gergelim
231-32
Salada de frango cozido com uvas e
nozes 222
Salada de frango grelhado 219-20
Salada de taco sem taco 209
Salmão assado com mel 237
Salmão do Alasca com crosta
de nozes e *coulis* de framboesas
234
Salmão, receitas 234
Saúde dos ossos 24, 159
Sementes 73, 79, 128
Síndrome dismetabólica. Veja
síndrome metabólica
Síndrome metabólica, 34, 146,
149–50, 155
Síndrome X. Veja síndrome
metabólica
Sódio (sal) 126, 129, 152, 154, 155,
169, 171
SOP (síndrome do ovário
policístico) 34
Sorbitol 114
Sucos de fruta 111

Tacos de peixe 236
Temperos 183
Tilápia ao molho, 238–39
Tiras de pimentão 40
Tomates sobre vagens, 202–3
Tontura 29, 37

Triglicerídeos 13, 14, 16, 18, 23, 25, 26, 35, 44, 115, 138

Vagens com pimentões 246-247
Vegetais ricos em cálcio 131
Vegetais ricos em fibras 21, 113, 128
Vegetais ricos em potássio 131
Vegetais, porções 44, 79, 255
Verduras ricas em magnésio 132
Videogames 103, 105

Vinho 70, 134
Vitamina C 175

Wraps asiáticos de frango e alface 217-218

Xilitol 116

Zinco 177, 180
Zumba 103

Sobre a autora

Marla Heller é nutricionista, com mestrado em Ciência da Nutrição Humana e Dietética pela Universidade de Illinois, em Chicago (UIC), onde também concluiu seu doutorado em Saúde Pública, com ênfase em Ciências Comportamentais e Promoção da Saúde. Tem experiência em uma ampla variedade de especialidades de aconselhamento de nutrição e ensinou milhares de pessoas a adotar a Dieta D.A.S.H. Ela é professora adjunta no Departamento de Nutrição Humana e Dietética em UIC, ministrando cursos sobre ciência dos alimentos e aconselhamento nutricional. No Centro Médico da Universidade de Illinois, foi nutricionista na Unidade Cardíaca de Terapia Intensiva e na Unidade de Transplantes de Pulmão e Coração. Foi nutricionista na Marinha dos Estados Unidos e, mais recentemente, trabalhou para os Departamento de Saúde e Serviços Humanos do governo norte-americano, inclusive, atuando na *Healthy Weight Collaborative*.

Além de escrever o best-seller do *The New York Times*, *The D.A.S.H. Diet Action Plan* [O plano de ação da dieta D.A.S.H., em tradução livre], Marla contribuiu com um plano de cardápio de quatro semanas para o *Win the Weight Game*, de Sarah, a duquesa de York.

Marla atua como especialista em nutrição por todo o país, na imprensa escrita, assim como no rádio, na televisão, na Internet e nas redes sociais.

É porta-voz da *Greater Midwest Affiliate* da *American Heart Association* e ex-presidente da *Illinois Dietetic Association*, da qual recebeu o prestigioso *Emerging Leader Award*.

Marla vive com seu marido, Richard, e gosta de cozinhar, jardinagem e de experimentar novos restaurantes maravilhosos.

PUBLISHER
Kaíke Nanne

EDITORA EXECUTIVA
Carolina Chagas

EDITORA DE AQUISIÇÃO
Renata Sturm

COORDENAÇÃO DE PRODUÇÃO
Thalita Aragão Ramalho

PRODUÇÃO EDITORIAL
Isis Batista Pinto

COPIDESQUE
Luiz Werneck

REVISÃO TÉCNICA
Michelle Bento – CRN 08102054

REVISÃO DE TEXTO
Daniel Siqueira
Marcela Isensee

DIAGRAMAÇÃO
Abreu's System

CAPA
Maquinaria Studio

Este livro foi impresso no Rio de Janeiro, em 2016,
pela Edigráfica, para a HarperCollins Brasil.
A fonte usada no miolo é Minion Pro, corpo 11/14,6.
O papel do miolo é Offset 75g/m², e o da capa é cartão 250g/m².